变革学校的新生力量

[日] 滨田博文 编著
张扬 黄宇 夏鹏翔 译
张扬 审校

教师的主动参与和学校领导力

华东师范大学出版社
·上海·

GAKKO O KAERU ATARASHII CHIKARA

by Hirofumi HAMADA

© Hirofumi HAMADA 2012

All rights reserved.

Original Japanese edition published by SHOGAKUKAN.

Simplified Chinese translation rights in China (excluding Hong Kong, Macao and Taiwan) arranged with SHOGAKUKAN through Shanghai Viz Communication Inc.

Simplified Chinese translation copyright © East China Normal University Press Ltd., 2019.

上海市版权局著作权合同登记　图字：09-2019-402　号

目 录

中文简体版寄语 / 1
译者序 / 5
导言　什么叫"变革学校" / 1

1. 对于"变革学校"的思考 / 1
2. 教师能力与学校组织力 / 2
3. 解答"为了改变我校现状该怎么办?"——本书所要思考的命题 / 4
4. 本书内容概要 / 6

第一部分
迫于改革的学校 / 9

第 1 章　教育改革中的学校 / 11
　　1. 教育改革起点——20 世纪 80 年代 / 11
　　2. 临时教育审议委员会掀起改革浪潮 / 14
　　3. 放松管制和地方分权改革 / 16
　　4. 学校教育的"困难"在哪儿 / 18

5. 对学校问责的关心 / 19

6. 学校应该如何应对教育改革 / 21

第 2 章 围绕学校组织系统的改革——关注学校设置"新职位" / 26

1. 围绕学校组织的全国性大讨论——回顾近 10 年来的改革历程 / 26

2. 领先于国家改革的地方举措——先进案例和对于"新职位"设置的讨论 / 30

3. "新职位"的作用及其发展前景 / 35

第二部分
学校"组织力"和教师的主动参与 / 41

第 3 章 将学校作为组织看待 / 43

1. 在某私立高中 / 43

2. 学校教师敬而远之的"学校经营学" / 45

3. 对"学校力量"的关心不断高涨 / 47

4. 把学校当作"组织"来抓的重要意义 / 51

5. 对学校组织"力量"的期待 / 54

6. 学校产生教育成果的主要原因是什么 / 55

第 4 章 如何看待学校"组织力" / 61

1. 什么叫"组织力" / 61

2. 如何看待学校的组织特征 / 64

3. 基于教师工作特征的再思考 / 67

4. 关于"有效学校"研究的局限性 / 71

5. 基于学校组织"不明确性"的再思考 / 73

第5章 学校组织文化和教师主动参与 / 76

1. 在美国的一所小学里 / 76

2. 眼睛无法看到的某种力量 / 78

3. 什么叫"组织文化" / 81

4. 区分"组织文化"和"教师文化""学校文化" / 83

5. 学校组织是"锅盖型"的吗 / 86

6. 作为"网络型"组织的学校 / 89

7. 教师主动参与决定了学校的组织文化 / 91

第三部分
变革学校的实际过程 / 95

第6章 重构教师自律与协作——中津小学的改革 / 97

1. 中津小学概况 / 97

2. 2003年时的中津小学 / 99

3. 带来改善的校本培训体系 / 101

4. 校本培训体系制度化的契机与过程 / 106

5. 总结——促进学校改善的因素 / 113

第 7 章　创办社区联合运动会——胜山小学的改革 / 117
　　1. 胜山小学概况 / 117
　　2. 举办联合运动会之前胜山小学和地区之间的关系 / 119
　　3. 提出并认可联合运动会的过程 / 120
　　4. 建立与地区的联系 / 124
　　5. 创造面对面坦率交流的文化 / 128
　　6. 赋予教师权限、允许教师参与学校管理 / 129
　　7. 两年之后的发展和改善 / 131
　　8. 总结——让胜山小学发生变化的力量 / 134

第 8 章　建立学校运营协议会改善教学——东西小学的改革 / 137
　　1. 东西小学概况 / 137
　　2. 学校运营协议会调查概要 / 137
　　3. 引入学校运营协议会的过程 / 141
　　4. 学校和学校运营协议会的对立 / 142
　　5. 开展委员、地区居民、家长共同参与的教学活动 / 144
　　6. 总结——带来改变的三个重要因素 / 146

第 9 章　突破"改革困难中坚校"实现变革——北部高中的改革 / 148
　　1. 县立北部高级中学概况 / 148
　　2. 目前的高中教育政策与问题 / 149
　　3. 北高中的改革过程 / 152

4. 克服改革困难现状的过程——4 个重点 / 155
　　5. 总结——学校改革的艰难状态及其得以克服的要因 / 161

第四部分
何为变革学校的新生力量 / 165

第 10 章　"系统性思维"——以"深度"和"广度"把握问题 / 167
　　1. 阻碍学校变革的原因是什么 / 167
　　2. 以"深度"把握问题——问题的"四重结构论" / 169
　　3. 以"广度"把握问题——系统内部各要素的循环反馈 / 170
　　4. 从"系统性思维"看学校变革的条件 / 173
　　5. 致力于实现可持续性学校改善 / 174

第 11 章　教师的主动参与和学校领导力 / 176
　　1. 从变革学校的过程能够看到什么 / 176
　　2. 促进变革的"教师主动参与" / 181
　　3. 变革学校的"学校领导力" / 185
　　4. 积累"变革学校的力量" / 188

后　　序 / 191

作者简介 / 194

译者简介 / 196

中文简体版寄语

获悉本人编著的《变革学校的新生力量:教师的主动参与和学校领导力》中文简体版即将出版发行,这让我沉浸在了无限喜悦之中。在此,我首先要对尽心尽力认真翻译本书的北海道大学张扬老师、北京师范大学黄宇老师、首都师范大学夏鹏翔老师表示衷心的感谢。同时,对负责出版发行中文译著的华东师范大学出版社深表谢意。

本书基于日本20世纪90年代的社会经济大变革,着眼于90年代中后期所开展的激烈教育改革和处在教育改革浪潮中不断进行自我完善的学校,致力于探究学校变革的实质。

"教师的努力程度决定了教育质量",这已成为当今社会的共识。但是,在一所学校中一位老师拼命工作却始终无法改变整个教师队伍的现象比比皆是。在那样的学校里即使有一位想改变学校的校长用尽浑身解数,其结果却适得其反、惹人生厌的例子也不在少数。

日本的课堂研究(lesson study)被作为提高教师授课能力的手段而备受各国关注。同样,中国的学校也越来越重视课堂研究。我所在的筑波大学教育管理学研究室有来自包括中国在内的各国留学生,他们中有很多人都对课堂研究抱有极大兴趣。

许多留学生和来自海外的教育研究者们大多认为日本的学校一定都在很认真地进行课堂研究活动。非常遗憾,事实并非如此。恰恰相反,很多学校无法保证本校教师能够有组织性、持续不断地积极参与课堂研究活动。因此,对于校长以及处于管理层的教师而言,如何创造便于开展课堂研究的校内环境成了最令他们头痛的难题。

一所学校的校长和老师应当怎样做才能把学校建设成为可以促使全体教职员工积极参与教育实践改善、提高学生学习质量的组织团体呢？为了回答该问题，我们有必要把学校看作被置于复杂社会条件下的组织，同时还要把学校组织的整体动向与每一名教师的实践相结合。如果每所学校都把本校教师队伍致力于教育实践改革的状态视为一种"学校自律性"的话，那么要想确立这种"学校自律性"必须具备哪些条件？

一直以来，我都致力于研究学校组织内部如何产生"学校自律性"变化的萌芽，该萌芽又是如何慢慢生长最终在学校内部深深扎根的。我通过刻画整个演变过程来为更多的学校和教师提供改革参考。本书就是与我有共同研究志向的年轻学者们齐心协力的成果，于2012年在日本出版发行。在日本国内，本书受到了学校管理人员、学校中层领导为首的大批教师读者朋友们的欢迎和支持。最近，悉闻本书又被指定为在职教师进行学习深造的教育硕士研究生院专用教材。

中日两国的学校教育现状存在着诸多不同之处，但是我认为每所学校在有组织性地改善教育实践质量这一过程中最重要的一点就是每位老师的主动参与，无论中日这都应该是相通的。我希望广大读者能透过本书中4个学校变革的实例真真切切地读出这一点，抛砖引玉，诱您思考什么样的领导力才能促进教师的主动参与。

我从2014年开始先后与华东师范大学、北京师范大学、东北师范大学在教育研究领域开展合作交流。有幸多次拜访华东师范大学，并在上海市教育科学研究院的支持和帮助下访问了上海市的很多公办中小学。因此，本书译作能够在华东师范大学出版社出版发行，我从心底感到欣慰和高兴。

衷心希望在本译著出版后，我能与更多的中国教育界同行就学校组织改善的相关研究和实践开展广泛合作交流。期待中日两国的学校管理学研究能够步入史无前例的合作交流发展期。

滨田博文

筑波大学教授

2019 年 6 月

译者序

依稀记得大约在 3 年前的春天，我接到滨田教授打来的电话，滨田教授正式委托我翻译他精心编著的《变革学校的新生力量》一书，我欣然应允。

其实，在那之前的 2015 年 9 月，我们一同出席日本教师教育学会年度学术会议时，滨田教授就很高兴地跟我说："没有想到《变革学校的新生力量》这么受欢迎，2012 年出版到现在已经准备第三次加印了*。真是出乎我们**的预料！不知道受日本老师喜爱的图书在国外是否也能受欢迎呢？"

我因为在做滨田教授的教学助手（Teaching Assistant）时曾经仔细研读过他编著的这本书，所以回答道："虽然中国与日本的社会制度、文化背景等都有所不同，但中国学校也存在着很多与日本学校类似的问题，例如校本培训如何有效开展，怎样才能推动家校合作顺利进行，校长如何提高教师热情、促进学校教师积极主动发挥领导力作用的问题等等。相信中国的学校老师们如果能够阅读到这本书的话，同样会从中受到很大启发吧！"

滨田教授听闻此话后立刻开心地笑了起来："如果这本书真能被翻译成中文，并对中国的学校改革和老师工作也有帮助的话那就太好了！"

《变革学校的新生力量》是一本纯粹的教育类专业图书，它无法与畅销类小说等商业作品相提并论，更不是什么实用类技能图书或者是辅导参考类图书，可想而知其销量不会太大。据说负责出版发行日语原著的小学馆株式会社从

---

* 译者注：在日本教育类图书销售市场狭隘、整体销量低迷的情况下，这一销售业绩已是甚为罕见。

* 译者注：滨田教授本人以及出版社相关人员。

一开始就没有看好本书的商业价值，之所以同意出版该书缘于出版社主编很认同滨田教授对"变革学校现状是日本教育改革的当务之急，要想变革学校就离不开学校老师，而市面上销售的图书中真正能够指导学校老师们去做或者说是去改变学校的书籍却是凤毛麟角"的现状认识。随后，在滨田教授的积极推动下，小学馆最终答应由出版社承担所有出版费用，目的是为了给"所有处于跟公立学校有关的不同立场的读者们"提供"'要想改变这所学校就要从该处下手'的重要参考材料"。

而我之所以答应滨田教授的请求，着手翻译该书的最主要原因也是因为我本人就是该书的受益者。我希望有更多关心学校教育、参与学校教育的同仁能够和我一样感受到茅塞顿开、醍醐灌顶。

在当今社会，一提到变革学校大家会立刻联想到学校组织、组织力量、组织文化、校长领导力等关键词，这些词汇对于学校老师而言熟悉而又陌生。或许曾听说或者看见过这些词，但它具体是指什么又说不清楚。在老师们的脑海里上述词汇可能更多地存在于专业图书、大学老师授课或是领导校长讲话中，而"变革学校"理所当然地成为教委或学校管理层的特权专利。但变革学校并非大海航行，即使船长发现航行方向有误，如果仅仅依靠简单粗暴的方式调转航向，恐怕不仅解决不了问题还会加剧整艘船的危险性。

变革学校的过程是改变学校内部每一个构成要素的过程，而每一个构成要素就是每一位教师。变革学校就是促使每一位教师改变的过程。那么每一位教师都要变成什么样子才是一种理想状态呢？是让一所学校的老师们都保持思想一致、都致力于解决同一个问题吗？答案是否定的。因为在学校组织中每位教师的独立性都很高，教师的主要工作场所就是教室，从空间上来讲其本身就具有较高的独立性。即使是一位新老师，当他作为班主任进入到自己的班级时，所有的决策及一言一行都由他自己一个人来掌控。上课场面亦如此。就是说，一名教师在进行班级管理或教学时，其他教职员工很难进行干预。所以，在学校里校长硬性规定航向的做法行不通，更不可能真正落到实处。

要想促进学校向着更好的方向进行改善，需要关注的是学校里的每位教师拥有怎样的个人诉求和愿望，它们之间又是怎样关联的，这一切决定着学校组织整体的成绩。我们必须理解的是只有学校组织中所有成员的个人教育愿望能够相互连接沟通时，学校的"共同愿景"才诞生。

每所公立学校都有其各自主张的学校教育目标。但学校目标和理念未必与每一位教师在日常教学中所形成的问题意识及其遇到的教学实践相吻合。正如本书所阐述的"每间教室里每天都会出现各种各样与孩子们息息相关、与各种问题意识也相关的教学实践"。而在这种情况下所形成的共同问题意识"并不一定体现既定的学校教育目标和建校理念，也不一定符合校长的个人教育信条"。当教职员工所共有的问题意识"与学校教育目标或建校理念等有机结合时，共同愿景才真正形成"。

要促使共同问题意识的形成，最重要的一点是每一位教师"主动参与（empowerment）"。主动参与并不是指制度层面等外在的和形式上的赋予教师权力，它的真正意义在于"使每一位教师都对自己能够主动参与改善教学活动有足够自信，并获得自我肯定感"。换句话来讲就是学校内部需要形成一种氛围，使每位教师都拥有"凭借自身问题意识和见解来处理学校难题时就一定可以成功"的积极心态的氛围。

"教师参与到学校自我评价过程中，教师作为分管负责人参与到学校策划案中，或者在校本培训中起到带头作用等等都会促使教师主动参与。另外，如果教师在自己的教学实践中切实体会到自己的工作促进了学生的成长和改变，这将极大地促进教师积极主动参与。而教师之间相互确认工作,从而激发彼此迈向下一个台阶的则是沟通交流。最终被带动起来的教师们为了解决学校问题创造出更多样的沟通交流方式,在这些沟通交流中打造学校的组织文化,提高学校组织力,这也是变革学校的根本动力之所在。"

学校必须诱发教师自主性和积极参与的意愿,促进教师们交流经验和知识。而所谓交流,无论是推进工作坊形式的校本培训、还是探讨家校合作,抑或是进行公开课研讨等等场合,都不仅仅是朝着"计划好了的方向"进行交流,而是要为教师们创造能够自由广泛地各抒己见的机会,这才是核心和关键。在此交流过程中,所谓校长发挥领导力,即"以学校所有当事者(教师、家长、社区居民等)的价值观和问题意识作为起点,为形成学校发展的共同愿景,促进双方或者多方交流提高校内协调性。也就是要求校长发挥协调性领导力。"而发挥这一领导力的基础就是校长首先要成为一名倾听者,在倾听的基础上进行协调!

正如前文所提及的那样,本书中的关键词看似并不新鲜,但书中详实的学校改革案例却向我们展示了日本几所普通甚至偏下的学校向"好学校"进行转变的生动过程。也许很多老师都听说过日本教育学者佐藤学,也听说过他的学习共同体理论和实践案例,殊不知在日本还有超越学习共同体理念的学校改革理论和实践。那么就让这本书给大家提供一个崭新的视角,带大家来认识一下日本变革学校的最新理论和实践成果吧!

末笔要感谢华东师范大学出版社彭呈军编辑对本译作在国内出版发行的鼎力支持。国内教育学领域专业类图书出版形势严峻,我曾经跟一同参与翻译本书的北京师范大学黄宇教授一起联系过其他多家出版社,最终都因此书非商业刊物、销量堪忧而遭搁浅。此后本书的韩国语版译作出版发行,我在焦急之中有幸与彭先生取得了联系。当我介绍完原著的主题思路及其在日本教育界所获评价后,彭先生就爽快地答应我会仔细阅读译作。之后,在与他的若干次沟通交流之中我明显感受到了他对本书所阐述理念的认同,我们都希望这样一本在日本受欢迎的教育类专业图书也能为中国的学校改革和教育工作者们带来一些启发和有益影响。是我们的共同愿望促使了这本译著最终可以在国内与广大读者见面,真的是由衷地感谢!

译者/审校:张扬

于北海道大学札幌校区

2019 年 4 月

导言
什么叫"变革学校"

1. 对于"变革学校"的思考

目前为止,以变革学校为名所进行的讨论与实践不胜枚举,笔者认为,即使是把长达140年历史的日本公教育称为意图"变革学校"的历史也绝不为过。

在日本,"变革学校"这个词最常用于"改革制度"时期。从大规模的改革上来看,二战后日本教育改革中创设的"6·3·3·4"单线型学校制度是最典型的"变革学校"的例子。由于新的学校制度的创设,所有的儿童都能平等入学,而且学生可以根据个人意愿进入包括大学在内的高等教育机构进行学习深造。

另外,1958年将学习指导要领置于国家教育课程标准的地位也是一种"变革学校"的尝试。学习指导要领规定了教科书内容,并具有可以改变各学校所编制的教育课程和教学内容的影响力。近几年,生活科和综合学习科目的增设以及外语课的导入也同样是"变革学校"的尝试。

诚然,"变革制度"对于"变革学校"的极大影响力不容否认。由于学校和教师的实际可操作空间受到制度的辖制,所以主张要追求教育改革的人大都首先关注制度变革。

笔者的专业是教育管理学*,在长期的研究中发现,从公教育的中央集权化

---

* 译者注:日语原文为教育经营学。

不断得以推进的20世纪50年代中后期开始,教育管理学界也越来越多地关注起"变革制度",并进行了大量的深入讨论。例如我们会讨论国家以及地方教育行政部门将权力下放给学校是促进学校改变所不可或缺的条件,在这种简政放权政策之下,各学校可以根据学生的实际情况编制课程,建立更具柔性的学习团体和生活团体,并促进教师员工的分配方法更加灵活自由。

但是,近10年来我们的关注点和讨论内容也发生了巨大的变化,我们从以前讨论"变革制度"而转向讨论"变革一所又一所活生生的学校"。

当然,不得不承认这种转变与90年代中后期日本政治改革中所推行的简政放权席卷了整个学校教育界有很大关系。[1]事实上在政策讨论的过程中,要求"确立学校自主性和自律性"的呼声也很高,学校开始被强烈要求"自律"。原本支撑着学校教育的各种制度开始改变,更确切地说应该是制度限制越来越少,但越是这样越能够反映出各所学校的实力。为了"变革学校"必须加强学校力量,并使学校的力量成为真正的内在实力。目前日本各界对于学校内在力量方面的关心度越来越高。

2. 教师能力与学校组织力

说起来这是30年前的事情了。笔者的大学毕业论文《适应每个孩子个性发展的教育(adaptive education)》分析了美国学校中的个性化教育,并对具体的教育案例进行了剖析。笔者在研究生阶段从事课程以及领导组织改革理论和实践的研究,其中调查过一个美国很著名的改革案例,即文纳特卡系统(Winnetka system,1919—)。那时候,笔者了解到美国的教委参与教师培养培训改革的实例,并被深深吸引。当时笔者如获至宝一般,发现"原来要想改变学校首先需要改革教师的培养和培训",于是笔者在完成了硕士论文之后一直把研究重点置于教师培养、培训上。

20世纪80年代中期,笔者步入学者之列,而呈现在笔者眼前的学校始终处于教育改革的风口浪尖。日本临时教育审议会(1984—1987年)展开的激烈讨论围绕的中心话题是处分"不合格教师"、在职教师培训系统化、创建新任教师培训制度、改革教师资格制度等有关于"提高教师素质能力"的问题,这一切都反映出学校改革的重点聚焦在了教师身上。

教师决定教育,这句话在某种意义上言中学校的本质。但是,在调查走访了那么多学校,接触了无数的学校管理层和普通的教职员工以及与学校有关的家长和学校所在地的居民之后,我深刻感受到仅仅通过提高教师个人能力来改变学校收效甚微。

由于教师个人的教学经验不足或者教学技能缺失而导致无法正常教学的问题,对于任何一名教师来讲都不陌生,特别是年轻教师,他们往往要经过若干次的失败,在失败中积累经验、成长。教学其实是在教师个人所不能掌控的若干条件之下进行的,例如越来越复杂的儿童多样化问题、同一级部或者是同一学科同事间的关系问题、学校管理层的支持情况以及家长和学校周边居民的态度等。学校教育实践的整体环境比我们所想象的复杂得多。

为了使学校向更好的方向发展,教师个人教学水平的提高必不可少。同时,对于教师职业能力发展而言更为重要的因素是教师所在工作单位的职场环境、同事关系和校本培训。[2] 因此,我们也可以看到市面上流传着很多关于如何提高校本培训效果的理论性书籍和一些介绍具体培训方法的指南性书籍。很多感到自己所在的学校有问题,期望能够改善所在单位同事间关系或者校本培训方式的教师选择购买这些书籍,可是这些书籍又能在多大程度上帮助教师们解决问题呢？我个人认为通常认真地去考虑"我要改变我所在的这所学校"的老师们，其中大部分人都会有"想让自己所在的这所学校变成案例中那样的好学校，但是怎样做才行？"的疑问。

即使知道了好学校的案例和那所学校的实际情况，但"怎样把我所在的学校也变成那样的好学校"的疑问仍然得不到解答。因为你不知道好学校的"学校变革"过程和促使其变革的原因。在其他学校被视为"好"的做法未必在你的学校适用，因为"好"的做法有其可以实行的组织条件（例如，教职员工之间互相合作的良好关系），显然如果组织条件不具备的话，最终结果是事与愿违。

要实现"我想改善这所学校的现状"的愿望，必须要直面学校组织中的各种问题，并解决这些问题。上课看似是教师个人行为，其实也是与学校组织要素相协调配合而成的。实际上教师应该考虑的是什么样的组织要素会以怎样的方式与教学相关联，要促使该关联发生变化需要怎样做才有效。

3. 解答"为了改变学校现状，该怎么办？"——本书所要思考的命题

本书基于上一节中所提到的若干问题，从组织·管理学的角度思考"为了改变学校现状，该怎么办？"这一命题。

毋庸置疑，目前在非制度层面涉及"变革学校"问题的讨论和实践已经数量众多。其中，通过每位教师"改变教学方式"继而促使学校变革的讨论和实践也在不断发展并受到越来越多的关注。

在"教室内的变化才是变革学校的源动力，教学不改变学校就不会变"的基本思路之下，最成功的学校变革案例是1998年4月建校的茅崎市立滨之乡小

学。该成功案例的理论基础是佐藤学的"学习共同体"构想[3]，该构想从根本上再次探讨了学校存在方式这一课题，简单易懂，具有说服力。另外，该校首任校长大濑敏昭（已故）所构想并实施的"作为学习共同体的学校管理"[4]为有志于改善教学的学校管理层及其他教职员工提供了很多有益启示。该学校把原有公立学校发展受局限的条条框框相对化，为我们展示了在创建一所新学校时"学校应有的样子"。

但是，如果你想问："我想把自己的学校也变成滨之乡小学那样，我该怎么办呢？"很抱歉，它给不了你答案。该校是日本近年来少有的新建学校，且该校是作为市教委的模范学校而设立的，因此它是具有极大特殊性的。而通常情况下，一所学校中总有几位老师在他们的常年工作中积累了独特的作风和习惯，改变那些作风和习惯的难度可想而知。

在日本，志水宏吉等研究者关于"有效学校"或者说是"实力学校"的讨论也备受关注。志水在论及欧美国家的"有效学校研究（effective school research）"之后通过实证研究揭示了日本学校之间存在着"学力分化"，并标明了分化产生的原因。虽然该调查在日本国内史无前例，但从中可以获取的启示却很少。

事实上，欧美关于"有效学校"的研究早在20世纪80年代就已经被学校管理学领域的研究者所广泛关注。[5]当时的讨论承认"有效学校"研究对学校改善（school improvement）相关实践和一些措施的具体化有一定贡献，但同时指出了该研究的调查对象有局限性、学校组织观点很狭隘。不过，对于该研究"不局限于现状分析，而是要立志取得对改变现状具有指导意义的研究成果"[6]这一点，笔者还是比较认同的。

"要想改变学校怎样做才好？"这个疑问很难从正面予以解答。无论我们怎样展示"好学校或者说是有实力的学校所应该有的样子"都无法解答"怎么做才能变成那样的学校"这个问题，这是因为我们没有看到一个过程，一个"不好的学校到底是经历了什么才转变成为现在的好学校"的过程。

本书通过实例分析,为众多"我想使学校改变"的有心教师解答变革学校的过程以及促使这种变革发生的组织要因。为此,我们主要精选了现实生活中向着好的方向发展的学校实例,记录并分析其变革过程。希望本书能为处在不同立场的所有跟公立学校有关的读者提供"要想改变这所学校就要从该处下手"的有益启发和重要参考材料。

4. 本书内容概要

本书由四部分构成。

第一部分主要是整理日本近年来的教育改革动向,探讨在这些改革中学校组织所具备和应该具备的力量,同时该部分还会论及学校新职位的设置问题。在第一部分,我们会为读者展示作为变革学校的政策背景,即国家(日本:译者注)公教育相关制度的发展改革史。

第二部分,我们把处在复杂社会环境里的现代学校所特别需要的力量看做是"组织力量",讨论"组织力量"的内涵。学校成绩,即教育学习活动的质量不仅由教师个人力量所决定,各所学校所具有的"组织力量"作为重要条件,同样与学校成绩息息相关。而且,"组织力量"是由我们用眼睛所看不见的"组织文化"支撑起来的,因此,改善学校就是一个变革组织文化的经营过程。与此同时,每位教师的主动参与是不可或缺的因素。这部分会从众多不同侧面找出学校组织的特征,并对这些特征进行分析。

第三部分主要是介绍"被变革了的学校"的具体案例,该部分也是本书的主要部分。本部分主要探讨"'变革学校'的实际过程是指什么要素被怎样一步步改变的"。"变革组织文化促进学校改善的时候,到底是什么样的要素如何综合作用的"的问题也是本书最想要解开的谜团。在此,我们一共精选了 4 所学校,由 4 名学者分别从不同的视角进行分析。每所学校的变革在不同时期发生,并非最新案例。需要留意的是本书案例的重点不是在于描写"学校的最新状态",而是运用非常细腻的访谈式调查法追溯还原一个学校"向更好的方向变化的过程"。另外,为了让一般的教育从业者更容易理解这些案例,本书把曾经刊登在专业学术杂志上的研究案例进行了大篇幅的修改。学校名称和个人名称均为化名。

第四部分以第一到第三部分内容为基础,思考"变革学校的力量"的具体内涵。在此,大家需要特别留意的是"变革学校的力量"并不是学校管理层的特权专利,教职员工自不在话下,包括促进教育活动发展的所有相关人员从不同角度都有可能成为"变革学校的力量"主体。"想改变学校的人需要从哪些视点、具有怎样的视野、以什么为轴心进行改革?"在这一章我们会把"教师主动参与"和"学校领导力"作为关键词对这一问题进行全面分析和探讨。

注释

1. 详情参阅滨田博文《学校にマネジメントを—学校の自律性の実現へ—》,天竺茂编著《次世代を拓くスクールリーダー(学校管理職の経営課題第 1 巻)》,行政出版社,2011 年,第 21—39 页。
2. 详情参阅山崎准二《教師のライフコース研究》,创风社,2002 年。
3. 佐藤学主编、大瀬敏昭著作代表《学校を変える—浜之郷小学校の 5 年間—》,小学馆,2003 年,第 14—15 页。
4. 佐藤学主编、大瀬敏昭著作代表《学校を創る——茅ケ崎市浜之郷小学校の誕生と実践》,小学馆,2000 年,第 35—56 页。
5. 请参阅以下著作:小野由美子《「教育効果の高い学校」と 80 年代アメリカの教育改

革政策》,《教育学研究》第 55 卷第 4 号,1988 年,第 309—317 页。日本教育经营学会·学校改善研究委员会编《学校改善に関する理論的・実証的研究》,行政出版社,1990 年。佐古秀一《学校組織研究の視座と課題》,金子照基编著《現代公教育の構造と課題》,学文社,1994 年,第 121—148 页。
6. 志水宏吉编著《「力のある学校」の探求》,大阪大学出版会,2009 年,第 20 页。

第一部分　迫于改革的学校

第1章
教育改革中的学校

1. 教育改革起点——20世纪80年代

通过集权和一刀切而实现的平等

二战后日本教育行政的基本原则之一是"地方分权",面向有志于成为教师的教职专业教养教科书中就有上述记载。从日本宪法第8章中关于"地方自治"的类似记载中也可以看出地方分权是战后日本社会体系的基本理念。

值得注意的是,虽然20世纪80年代笔者在大学时代通过讲义和课本学习过这些理论知识,但事实上学校教育并没有照着理论发展。

上个世纪80年代初期是日本赶超超级大国美国、席卷世界经济的时代,当时,学校教育被很多国外学者视为日本之所以能够成功的重要因素之一而备受关注。但是,与很多来自外国的正面评价相反,大多数日本人眼中的学校是被贴着一刀切、受到严格管制等很多负面标签的。在此,本书对历史不多加以论述,而要说明的是二战后初期设置了作为服务型机构的文部省(现文部科学省),同时在各市町村*分别设立教育委员会,当时的确是形成了地方

---

* 译者注:日本行政区域的划分方式为全日本分为都道府县作为一级行政区,其下设单位为市、町、村。

分权的教育行政制度。但是,由于整个社会出现许多新问题,地方分权教育行政制度在 50 年代中后期被大幅度改革,之后便建立起了中央集权制的行政制度。

在中央集权体系下,无论儿童所处地区环境的差异抑或所在家庭的贫富差距有多大,其出生后就能平等接受 9 年义务教育的机会得以保障。同时,学习指导要领确保学龄儿童无论居住在国内的什么地区,只要就学就都能获得内容和质量统一的教育。这一体系确保了各地方自治体在最大程度上克服了地区差异,使所有地方的学校所应配备的校舍设施设备、承担教学任务的教师分配人数和 1 个班级的学生数量以及教师的工资水平都达到平等。也就是说,那个时候国家统一保障少年儿童的学习内容和所受教育的质量以及他/她们就学的学校所应具备的师资和物质条件的教育体制得到确立。

2011 年 11 月,笔者有幸参加了在美国召开的"校长中心国际交流(The International Network of Principals' Centers)"大会,并受邀作了题为"关于日本近期教育改革动向和校长领导力"的大会发言。大会发言内容是日本中央集权教育体系改革现状,并提到了地方分权和扩大学校自制的政策正在实行,笔者强调此次改革注重加强以学校为单位的运营方式,而校长职能则处于改革的风口浪尖,校长专业性制度亟待建立。笔者将以上发言内容用具体详实的数据展现给了听众。

进入交流环节,一位美国听众向我提出质疑:

> 在美国人看来,国际学力水平调查结果显示日本的成绩总是名列前茅,我认为日本的学校教育是非常成功的。日本还有必要再继续进行教育改革吗?

会场上的与会者纷纷点头，表示赞同他的观点。这一幕对我来讲，印象极其深刻。

对于学校教育现状所提出的疑问

在与国外教育研究者的对话中，类似疑问经常会被提及。其实，在日本却恰恰相反，日本学者更多地关注芬兰和亚洲一些国家学生学力的提高，而对国内学生的学力下降表示担忧，并对目前的学校教育现状进行批判。但是所有讨论似乎都停留在了把学校教育价值看作是在个别考试中本国学生所获得的个别考试成绩与别国学生成绩相比较的结果。作者意识到这个问题之后用生硬的英语回答了提问者：

> 的确，国际学力水平调查是非常重要的数据。但是我认为在考虑学校教育改革的时候，仅仅关注如何缩小本国与其他国家学生之间考试成绩的差距不太合理。在学校教育中最应当关注的是我们是否为每个学校的孩子提供了必要的、更好的教育，我们需要思考的是为了达到这个目的所要改革的是什么。

学校是孩子们接触各学科，获取新知识、新技能的场所，同时也是一种制度。尽管为了判断孩子们的学习效果，我们不能无视学力检测考试的成绩，但是，20世纪80年代前后所谓成功的日本社会其实也有很多"教育问题"呈现，造成了一系列的社会问题。在重视知识的填鸭式授课和简单划一的教学过程中，跟不上课业的孩子剧增，由此而产生了"跟不上课的孩子犹如落水儿童"的比喻。同时，学校针对学生的不良行为制定严格校规，并根据校规对学生进行严格惩戒的做法也遭受质疑，被批判是"一刀切"、"僵硬化"、"管理主义"、"没个性"等。通过数据可以看出，当时中小学校的"逃课"人数有明显的增长趋势，即便是就学率已经超过了90%的高中，其退学人数也在不断增加。

"学校教育到底该是什么样子"这一根本问题不仅仅是学校相关人员的课题，也成了整个社会所面临的难题。

2. 临时教育审议委员会掀起改革浪潮

就在那时，日本国内展开了由临时教育审议会*所发起的教育改革讨论。临教审在最终答审（1987年）中提出了三个改革口号："重视个性的原则"、"向终身学习体系转变"、"应对时代变革"。在此之后很多政策都以此为标准推行。

例如，根据"重视个性的原则"，临教审提出了简政放权改革，而这一改革有利于教育行政和制度向柔性化及分权制体制进行转变的简政放权改革；在教育财政方面，临教审提出了推行地方分权，地方教育委员会不受中央规定的控制可以实行独立政策。

为了应对国际化、信息化、高龄化等多样的现代社会问题，改革鼓励学校实行切合孩子生活现状和社会发展的跨学科、横向学习。在这一改革浪潮中，日

---

* 译者注：简称临教审，1984年，根据临教审设立法而设置的直属于内阁总理大臣的咨询机构。从1984年设置到1987年解散的3年间一共进行了4次报告。

本中小学分别于 1989 年和 2001 年设置了"生活课"和"综合学习课"。这样一来,原本以日语、算数、理科、社会等科目为中心而构想出来的学校教学体系开始面临着重要转折。同时,终身学习政策发展迅速,学校不仅要开放校舍,而且要接纳学校志愿者,把学校开放给当地居民,甚至还需要让家长和当地居民参与到课堂中。

很多中小学校都鼓励教师根据学校所处现状和遇到的实际问题来编排和实施校本特色课程,同时,学校就提高每个班级的教师配置人数也进行了改革。许多学校不再是通过统一减少学校里所有班级的学生定员人数来提高生均教师人数,而是通过尝试新的教学方式,如双人制小组教学和小班教学等向教育委员会申请增加教师名额。面临着辍学率升高问题的各地高中也积极推行改革,为了适应学生的个性发展而开设了多样化的学科和课程。大学方面,由于大学设置基准大纲的颁布,各大学的课程多样化迅速发展。另外,自我反思、自我评价制度得到普及。

教师培训方面也有重大改革。新任教师培训得以制度化。在临教审的讨论中有很多对于"问题教师"的批判,为了把"问题教师"从教师队伍中清除出去,出现了新名词"陪审制"。同时,为了促进教师能力的形成而最终敲定面向新任教师实施为期 1 年的计划性培训。新任教师培训包括由校内指导教师负责的校本培训和在校外进行的培训,是各地方有组织有计划的培训。这一时期培训体制得以完善本身是件备受瞩目的事情,但此后用"评价眼光"对待教师的讨论与政策不断增加也是不争的事实。

如上所述,从 20 世纪 80 年代中后期开始日本学校在很多方面都有所改变,有一些制度改革也涉及到了学校的存在方式。这些变化意味着学校教育由重视平等划一向尊重学校个性及多样化转变。同时,还能看出很多教育制度更加注重学校教育的实践现场和当事人责任。但是,在那个时代并没有讨论过日本学校最近几年才实行的一些新制度,例如学校评议员、学校评价、学校运营协议会等。

3. 放松管制和地方分权改革

要理清日本 20 世纪 90 年代中后期以来的教育改革,就必须抓住"放松管制(deregulation)"和"地方分权(decentralization)"这两个关键词。

放松管制是指简化和削弱中央政府以及地方政府的公文规定和限制条约。在放松管制中,"管制方"和"被管制方"的关系既有"官方和民间"的关系,也有"中央政府和地方政府"的关系。

"官方"对"民间"的放松管制是指政府(中央/地方)放松对民间企业和个人的规定限制,例如,在经济领域通过灵活运用市场原理和竞争机制来提高事业效率和质量。而中央政府对地方政府的放松管制则意味着中央政府给地方政府(地方公共团体)所设定的规章标准得以缓解(即权限下放)。这种放松管制意味着在地方自治原理下,为保障多样性事业的发展而推行地方分权。

将上述课题结合公共教育事业进行思考,可以看出实际放松管制和地方分权是很难分开的。例如,我们可以考虑一下义务教育阶段的"放宽公立学校选择"问题。"放宽公立学校选择"意味着放宽原本为保障"国民受教育的权利"而制定的"指定就学学校"这一"公共约束",从而给予必须履行让孩子就学义务的家长们选择让孩子上哪一所学校的"个人自由"。"择校"就是一种"从官方向民间"的放松管制。

如果这一制度得以实现,但是作为"被选择方"的学校不具备让家长选择的"特色",那么"自由选择"实际上就没有任何意义。换言之,学校要想具有特色就必须脱离国家和地方政府的限制规定,具有开发独立的校本课程和推行特色教学活动的自由裁量权。所以说,"放宽公立学校选择"不仅是从"中央政府"向"地方政府"的"地方分权",更是从"地方"向"各学校"的"学校分权"措施。

不管怎样,在此之前受到制约的一方,其自由度得以提高,同时,责任也加重。家长获得了选择学校的自由权,同时也必须承担"让我的孩子受何种教育"的个人责任。同样,学校也必须担负起一系列的责任,需要思考制定怎样的教育目标、开展什么样的教学活动、最终让孩子获得哪些能力等问题。

如上所述,目前放松管制·地方分权所引起的教育改革推动了围绕着公教育的国民自由和个人责任的扩大和明确,这同时也增加了每所学校独自开展教育活动的可能性,促使一直以来饱受批判的"划一的""僵硬的"教育体系得以改革。

另一方面,正如前面介绍到的海外研究者所提出的质疑一样,此次改革也会造成一些负面影响,即导致原有的"高质量""平等"教育受到冲击。特别是在推行"放松管制"的过程中,我们需要留意的是"受教育方"的个体差距(家庭生长环境和经济实力、信息收集能力等)绝不能只归咎于"个人责任"。因为在整个现代社会中"教育"的公共性非常高,我们必须讨论在促进教育事业发展的过程中,国家和社会要以怎样的形式介入、必须承担什么样的责任。

同时,我们也要思考为什么要把市场原理以这种方式引入公教育,致使每一所学校所要承担的责任都要受到严格的审视。最后,我们还要追问这样做是否合适。

4. 学校教育的"困难"在哪儿

2000年3月到2001年4月的大约一年中,直属总理大臣的教育改革国民会议上有一位委员说了这样一段话:"公立学校就像是一家注定会有客人来光顾的难吃的拉面店。"[1] 我认为他是想表达因为公共教育体系中没有市场原理引导的竞争,所以公立学校懈怠于改善,为了创造一个激烈的环境就应该放宽限制、提高学校和教师的竞争意识。

但是,仔细观察日本公立学校的现状,你会发现这段话的逻辑实在是过于简单。"只要教师意识到了要和其他学校竞争就能促进学校教育实现改善"的观点有道理吗?公立学校所处的环境真的就那么简单吗?我认为这个发言者根本就没有看到当今社会中大多数公立学校所要面临的根本课题。

来"拉面店"的客人都是想来吃拉面的。如果进店的客人要点汉堡和咖啡,店主人直接说"我们店不卖那个"就可以把客人打发走。如果有客人进店不点餐而只是在餐桌前打瞌睡,店主人也有权利把客人请出店。当然,作为拉面店,如果最重要的拉面味道和待客服务都比其他店差太多的话,客人势必减少,店铺经营也会陷入困境。即便如此,试想如果整条街就这一家拉面店的话,那来光顾的客人应该也还不少,所以经营尚可维持。

那么,就让我们来看看目前日本公立学校的现状如何。

现在来上学的孩子未必都想上课。如果把这些来上学的孩子比作是学校的客人,那么无论什么样的客人来光顾,作为义务教育阶段的公立学校都不可以把客人拒之门外。这里面既有学习欲望不高的孩子,也有任性随意、从教室里跑出去的孩子。即使这样,学校也不能放任自流,更没有权力单方面地把孩子赶出校门。

来公立学校上学的孩子们因其生长环境、家庭经济条件、父母的期望和本人的求知欲各有不同而呈现多样性。对于公立学校而言,必须无差别地接纳所有孩子,并根据每个孩子的实际情况和具体需求进行一定水平以上的教育。去公立学校看看就知道,"公立学校就是一个既无法选择来客,同时还要考虑到客人需求,准备大量丰富的菜品以便提供给顾客的家庭餐厅"。

即使是家庭餐厅,至少也是事先准备好了菜单的。而且每家餐厅都有其所设定的顾客群,当然也有权力把只占位置不用餐的来客请出店外。更严肃地讲就是现代公立学校必须去接纳每一个孩子,其中包括因为各种原因而流离失所的孩子,并针对每个孩子的情况不断地去解决各种复杂问题。要想进行教育改革首先要理解目前公立学校所处的困境,从支持公立学校发展的角度去思考。

而把学校和教职员工置于竞争环境机制之中,迫使其努力的做法未必能使学校真正得以改善。

5. 对学校问责的关心

90 年代中后期,日本的很多教育制度改革都没有真正结合当时公立学校的实际情况,因为很多改革都是以新自由主义为基础的一般行政改革最终渗透到公共教育领域的结果。特别是以 1998 年前后为分水岭掀起的改革浪潮,其中一个重要的改革关键词就是"问责(accountability)"。

20

　　我想没有一位学校相关人员没听过"说明责任"这个词吧！特别是管理岗位，肯定每天都或多或少地接触到这个词。但是，15年前是怎样的呢？学校日常工作中能用到"说明责任"这个词的场合几乎为零！学校相关人员真正注意到这个词和相关埋论是在90年代中后期。"说明责任"是英语accountability（问责）被翻译成日语时被推广的。

　　"问责"原本是一个财会用语。开展某项事业的人有责任把投资是否按照使用目的有效执行这一事实进行说明，即会计报告责任。例如，家长教师联盟收会费并制定一年的预算，以便来开展相关事业，那么年度末家长教师联盟一定要向会员报告决算，要汇报预算是否得到了妥善执行而且达到了既定目标，最后得到会员认可。这里所提到的会计报告责任正是问责的本意。

　　美国于20世纪70年代开始在公共教育讨论中频繁使用问责一词。纳税人对公立学校的教育质量提出质疑，要求学校取得与对学校投资相匹配的教育成果的呼声愈来愈高。特别是在追究对公立学校的设置管理和学校教师的聘请、分配负责的教育委员会的责任时，教育结果，具体来讲就是儿童学力水平越来越被重视。这一讨论也被日本学者所广泛关注，并将其称为教育的"结果责任"。

　　不管怎样，既然公立学校是使用公费运营，那么运营责任者当然有责任对纳税人说明其活动内容。但是，最近已经不仅仅限于财会责任，我们注意到这个词的涵义愈加丰富。目前，结果责任是指公共性或者专业性较强的职业领域从业者和组织依照预定使命和目的高效、妥当地从事相关工作，并让自己的工作成果接受审核的责任。

　　学校所进行的教育活动对于社会整体而言具有很高的公共性。教育活动不仅与接受教育的儿童及其家长息息相关，而且与很多人的生活、利益都有关。另一方面，学校教育要求高度专业性，只有具备教师资格证的教师才能作为教育专家从事教育实践活动，而一般群众无法直接接触学校教育。正因如此，各个学校有必要对家长以及一般群众说清楚学校是如何开展教育实践、孩子们又是通过什么方式学到了些什么。

那么，如果学校本身就不具备与孩子们的学习直接相关的业务决策权，还要受到责任追究就说不通了。假设预算、课程、人事决定权都在文部科学省和教育委员会手中，那么就该向行政机关"问责"。而在90年代中后期的教育改革中，最重要的裁量决策权与以往相比被一定程度地下放到了学校，于是在这一改革大潮中，每个学校乃至教师都不得不重视"问责"。

6. 学校应该如何应对教育改革

"学校正统性"的动摇

基于以上内容我们可以看出追求放松管制、地方分权，提高学校裁量决策权的现代教育改革似乎都是源于"外压"。如果学校责任的加重都是源于"教育界外部"的普通政务改革所带来的压力，那么我们也许无法以积极的心态去接受这一系列的改革。

但是笔者认为有必要从另一个角度去思考当前学校说明责任会受到追究的原因，那就是学校教育本身所面临的现实问题。

现状是"学校正统性"正在动摇。

20世纪90年代中后期,正值政府教育改革讨论热火朝天的时候,很多媒体竞相报道小学的"班级涣散",引起社会关注。教室里孩子们随意走动、班级失去秩序、老师无法上课。电视纪录片所播放的画面令人震惊,很多家全国性报纸和地方期刊都对此进行了连续报道。之后,有杂志也对相关事件进行了连载,这使整个日本社会都将目光聚集在了"班级涣散"上。"班级涣散"是我们一直以来所认为的"在学校教室里就应该好好坐在课桌前听老师讲话"这一常识破灭的典型案例。

同一时期,每年都在持续增长的"不上学"人数也使我们很多人所持有的"孩子去学校上学是理所当然"的常识受到冲击。五十年代,我们用"学校恐惧症"来代指那些不(能)去上学的儿童。在那个时代,去学校上学是应该的,而不能去上学则被认为是一种病态。之后,我们用"拒绝上学"这个词代替了"学校恐惧症",而现在我们使用一个中性词"不上学"。可以说我们的想法发生了转变,我们认为不去学校这种事情会发生在任何人身上,再正常不过。

另外,最近出现的家长对学校提出无理要求的现象也可以放到对"学校"认识的巨大转变这一背景下理解。

曾经学校作为一种制度具有权威性,仅仅打着"学校"的旗号就能获取很多人的信赖和期待,并受到尊重,只要借"学校"的名义就能被群众接受、认可,具有"正统性"。但是,"班级涣散"、"不上学"还有"家长无理要求"等问题的丛生说明我们曾经认为的学校"正统性"早已经动摇,学校仅仅是依靠招牌不再能获得学生、家长或者是地区居民的认可。

"你们能让孩子的哪些能力得以提高?"

"为了提高孩子能力,你们开展了怎样的教育活动?"

"在这所学校学习的孩子们到底哪些素质能力得以提高?"

对于以上疑问,学校能够明确给出答案才是学校得以生存的基础。从这个角度出发,我们可以看出学校问责对于学校所面临的教育课题本身而言就很重要。

周旋于强调问责的制度改革之中

强调问责的政策已经通过各种形式得以具体实施。2007年以来实行的全国学力学习状况调查就是其中之一;同年,在全国所有学校实行的学校评价也是其中一环。

以义务教育阶段学生作为调查对象的全国统一学力调查已经多年没在日本实行过了。当然,以教育课程实施状况调查形式的考试是有的,其目的是对照学习指导要领的目标和内容来掌握学生学习的实际情况。另外,各都道府县和一些政令指定城市会在其自治体之内进行学力调查,把握学生的学业达成度,并将其作为学校教育方法改善的讨论材料加以灵活运用。

但是,2007年以来的全国学力·学习状况调查则是"为了促进全国义务教育的机会均等和水平提高,掌握分析学生的学力和学习状况,检验教育结果,以期改善"和"各教育委员会和学校在了解全国状况的基础上明确自身所处位置,把握自身教育结果,以推动改善"。文部科学省会通过这个调查结果来评判各个教育委员会和学校的教育成果,鼓励推行教育活动改善。其实,文部科学省是想通过这种方式来促使学校和教育委员明确自己对学生学力水平的"责任"。

同年,日本学校教育法改革,学校评价体系的制度化促使各个学校的说明责任更加明晰,推行教育改善的目的性也愈加明确。伴随着放松管制和地方分权而实施的教育改革扩大了学校裁量决策权,各所学校也被要求去努力检验教育成果，通过改善学校运营方式来提高教育质量。以往在绝大多数学校里，教职员工在年度末会进行以自我改善为目的的反思和评价，也就是自我评价，但是现在在很多学校里都开始实施面向家长、当地居民和学生的问卷调查。还有一些学校设立了家长和当地居民所组成的"学校相关人员评价委员会"，其参与评价，甚至有学校采用和学校毫无瓜葛的"第三方"评价。这一切其实都是学校评价系统被重新制度化、由文部科学省和教育委员会所推行的新政策而引发的。

以上制度改革和新政策的实施原本是为了促进学校自主自律地进行教育改善，遗憾的是正如读者们所感受到的一样，对于学校而言所有这些制度改革似乎都是"由上而下"推行的。国家的教育政策是要推动原有的中央集权向地方分权转变，同时鼓励"学校确立自主性和自律性"，帮助各所学校开展独立的教育改善。而为了达到上述目的的各种政策在短短的十几年内就慢慢变了味儿，演变成了现在的"由上而下"的命令。我们反思这个改革过程的同时可以看出，施政目的与为了达到这种目的而采取的改革方法之间是存在着矛盾的。

进行教育实践的学校被夹在"固化的制度"以及每天都不断变化的教育实践以及改善的缝隙之中。当今社会每所学校都会因本校学生所特有的问题而呈现出明显差异性，所以学校必然要采取不同的教学管理方式。

学校要妥善处理各种问题，仅凭教师的个人能力和行为是远远不够的。可以说即使是具有丰富教学经验的"老教师"也经常遭遇棘手问题，我们透过"班级涣散"现象就能明白这个道理。在这种情况下，我们不能再把学校简单地当作每个教职员工的集合，有必要认真地思考怎样去建设学校"组织"。那么，学校应该成为一个怎样的"组织"？而要建设那种"组织"需要什么方法，即怎样才能引导学校组织进行改革呢？我们将在接下来的章节为读者作出回答。

注释

1. 金子郁容编著《学校評価—情報共有のデザインとツール》,筑摩书房,2005 年,第 7 页。

第 2 章
围绕学校组织系统的改革——关注学校设置"新职位"

本章围绕学校组织系统改革，特别着眼于被称为"新职"的学校内部新设职位，在回顾国家和地方关于"新职"的讨论过程与改革历程的基础上思考"新职"的作用是什么。

1. 围绕学校组织的全国性大讨论——回顾近 10 年来的改革历程

教育改革国民会议和"组织经营"构想的导入

自民党政权下的 2000 年 12 月，森喜朗首相私人咨询机构"教育改革国民会议"（源于 2000 年 3 月的小渊惠三首相在任期间）发表了"教育改革国民报告——改变教育的 17 条提案"。其中就有"将组织运营理念导入学校和教育委员会"一条。对于学校，提案中指出在现行体制下"要改善学校运营，即使加强校长权限也未必会有大的成效。要把组织经营理念引进学校，促使校长的独立性和领导力得以真正发挥"。具体提案如下：

- 扩大校长在使用预算、人事管理、班级编制上的裁量决策权，为了辅佐校长的管理引进包括多名教导主任在内的运营组织体系。
- 设立校长和教导主任培养项目。

- 积极任命年轻校长,延长校长聘任期。

提案明确提出,由于在现行任用制度和学校组织模式以及学校运营体制之下,作为学校最高责任人的校长很难发挥校长领导力,所以有必要运用"组织经营"的理念改善现状。当时,"组织经营"理念的提出对学校和教育相关者来讲冲击很大,特别是这一提案不是由作为中央机构的文部科学省(以下简称文科省)提出,而是由首相官邸发布,其影响力就更大了。此后,文科省也开始着手于"学校组织经营培训"的模型开发。2002年举行"经营培训课程开发会议",2004年3月公布了"学校组织经营培训——培养未来校长·教导主任(样板课程)"。其中指出了"组织经营"的涵义,如下所示。

- 为实现个人单独工作所无法达到的成果,调动其他人来一起开展工作。
- 为达到所追求的目标进行高效有序工作而调动整合资源。

对"学校组织经营"则作出如下解释:

- 开发利用学校内部与外部的资源与力量,使其符合与学校有关系的所有人员的需求,达到学校教育目标的过程(活动)。

有些人可能会提出上述的"组织经营"和"学校组织经营"在我们学校很久以前就已经实施,只是没有称其为"组织经营"和"学校组织经营"罢了。同时,也有人指出当今社会现象复杂扑朔,孩子以及孩子所处的周围环境也在剧烈变化之中,所以学校要想负责任地推行教育就必须在加强"组织经营"意识的基础上开展和充实教育活动。

文部科学省内的讨论

当然,围绕改善学校组织·运营体制问题,文科省内部也进行了大量的讨论，早在1998年的"对未来地方教育行政的展望"（见中央教育审议委员会报告，"中央教育审议委员会"以下简称"中教审"）中就指出了若干具体的改善议案。例如，改革主任制和职员会议、有效利用规划委员会、改革校长·教导主任的任用资格、安排多名教导主任、提高包括学校行政业务人员在内的管理层的综合经营能力、使学校管理者具备一般民间企业和组织体的经营者所具有的专业知识和教养等。

2004年，"针对学校组织运营现状"（中教审"有关学校组织运营事业部门会议记录的总结"）建议设置现有法律中尚未明确规定的副校长和拥有一定权限的主干"职位"。2005年，"创造新时代的义务教育"（中教审报告）也指出"为了促进学校灵活运营，安排多名教导主任、实行主任制和主干制"。之后2007年"关于受教育基本法修改的影响紧急改革必要的教育制度"（中教审报告）指出"有必要通过增设副校长（暂定名称）、主干（暂定名称）、指导教谕（暂定名称）等职位以强化学校组织运营体制，实现更加充实的学校教育"。同年，"针对未来教师的工资待遇"（中教审报告）又指出"在促进学校安排多名教导主任的同时，需要设置可以辅佐校长工作并能独自处理所承担校务工作的副校长（暂定名称）制度，以及能够辅佐校长和教导主任的工作、处理所担任的校务工作并具有一定权限的主干（暂定名称）制度"，确立教师"灵活性工资体系"以促进"新职位"的制度化。

从这些报告中我们可以看到共同的特点，报告都提到了学校原有的"校长—教导主任"式管理模式要转向"校长—副校长"、"校长—教导主任和教导主任"的新型管理模式。同时，报告也提到要安排"主干"和"指导教谕"等新的职位以辅助校长、副校长和教导主任工作。

第一部分　迫于改革的学校

教育再生会议和修改学校教育法

2007年,围绕学校组织现状问题我们迎来了新纪元。首先,在1月份,由时任首相的安倍晋三提议设立的"教育再生会议"发表了《动员社会总力量实现教育再生—面向公共教育再生的第一步—第一次报告》。报告指出了"要改善学校运营,目前学校一旦发生突发事件,所有紧急决定都需要校长一个人做主的体制有很大局限性"、"为了便于校长执行校务,明确学校的职能权限体制,促进学校更好地运营"等问题,并提出以下3点建议:

- 学校以校长为中心,全体教职员工团结一致承担责任、开展教学活动。
- 为保障有效的学校经营,国家要修改学校教育法等教育相关法律,新设副校长、主干等管理职位,通过安排多名管理人员,确立完善的学校管理运营体制。
- 教育委员会对公立学校管理人员的任用负责,对其是否具备应有的工作能力和适应性进行审核,并尽快实行管理职位登录,组织管理岗位人员接受经营培训。同时,设立无作为者淘汰制度。

6个月后日本国会审议通过了学校教育法修改案,修改案自2008年4月1日起执行,学校可以设置"副校长""主干教谕""指导教谕"(以下将上述三个职位统称为"新职位")。修改后的学校教育法第37条对"新职位"作出如下规定:

① 小学必须设有校长、教导主任、教谕、养护教谕以及办事职员。

② 小学除设置前一项内所规定的职位以外,按照需要还可以设置副校长、主干教谕、指导教谕、营养教谕和其他必要职位。

"新职位"是"可设置的"任意职位,具体是否设置相应职位由拥有任命权的教育委员会来判断。本条目对"新职位"的职务内容也作了相关规定:

- 副校长辅助校长工作、服从校长指示、执行校务。
- 主干教谕辅助校长(在设有副校长的小学里指校长和副校长)和教导主任工作、接受命令处理部分校务,并行进学生教育。
- 指导教谕进行学生教育,并给教谕和其他工作人员提出必要的指导和建议,以帮助他们充实和改善教育方法。

对于"新职位"的各种作用,我们会在接下来的章节里详细说明。截至2011年,有37个教育委员会设置副校长职位,任职人员共3517名;54个教育委员会设置主干教谕职位,任职人员共有17741名;20个教育委员会设置指导教谕职位,任职人员共有1219名[1]。

2. 领先于国家改革的地方举措——先进案例和对于"新职位"设置的讨论

东京都的"主干"制度和各地方的"超级教师"制度

其实在设置"新职位"的学校教育法改革之前,以大城市为首的一部分地区就已经开始了具有特色的地方改革探索,以此来适应教域领域地方分权的新形势。

例如,东京都早在2003年就引进了被赋予一定权限的"主干"制度,打破了原有主任制度无实权无地位的局限。东京都之所以会引进"主干"机制是因为"学校是一个'扁平组织',即使有些学校设有主任制度,但是校长和教导主任为了贯彻指示任务也需要跟每位教师单独说明。同时,一些校长和教导主任必须与很多教师进行沟通以获得确凿信息。在这样的学校里,校长的学校运营方针很难渗透到教师层面,即便是每位教师都热心于教育活动,但由于大家的用力方向不一致,所以学校整体的教学力量很难得以提升"。另一点是因为"学校需要有一个指导监督层,以便把作为学校管理层的校长和教导主任与作为学校实践层的教师联系到一起,灵活运用自身经验带领指导教师"[2]。

与东京都所设置的"主干"职位类似的还有埼玉县的"主干"、神奈川县的"总括教谕"、横滨市的"主干教谕"、川崎市的"总括教谕"、大阪府的"首席"、广岛县的"主干"等[3]。当然,以上职位并不都一样,地区不同,所设职位的身份、工资体系和权限也有所不同,呈现出多样性。但是,我们可以看到处于大都市圈的地方自治体的确是先于国家政策之前行动起来的。

另外,我们发现一些地区也出现了设置指导教谕职位的案例。有很多教育委员会设立"超级教师"制度,而"超级教师"是具有高度专业指导能力,负责指导教师并担任教师培训的讲师。例如秋田县的"教师专业监管"、茨城县的"教师的教师"、埼玉县的"富有生气的老师"、大阪府的"指导教谕"、京都市的"超级教师"、广岛县的"精英教师"、爱媛县的"爱媛教学能手"等[4]。

最后是关于副校长一职,东京都早在2004年度就已经把教导主任这个名称改为副校长,同时扩大了副校长的权限。

最终我们发现,关于设置"新职位"的改革,其实是国家在追着地方的脚步走。

地方对于设置"新职位"的讨论

在学校教育法改革之前,很多地方的教育委员会就从改善学校组织运营和教师成长的角度出发讨论设置"新职位"。本章以群马县教育委员会为例,分析地方自治体在围绕设置"新职位"的问题上是如何进行讨论的。

2006年,群马县内开设了由市乡村教育长、各类学校校长、教学专家等12人任委员的"学校组织运营研究会"。2008年2月,该研究会的中期报告指出:"群马县应该按照学校种类和规模的不同分别在学校内设置'新职位'。"[5] 基于长时间的讨论,同年12月,《最终报告》提出了"新职位"的具体职务内容和安排方法[6]。

群马县对提案实施的前提条件和学校组织运营的现状进行了确认之后提出,"在瞬息万变的社会环境中,我们为了灵活应对社会各界对学校的多种要求,必须依托学校组织的长处,提高学校经营能力,推进具有组织性的学校运营"。但是,我们认为"新职位"是"不能一刀切的,群马县会根据学校种类和学校规模,依照实际需求讨论是否在该校设置'新职位'","新职位"的安排方案如下所示:

★设副校长职位

基于本县学校规模和学校组织特征,群马县相关负责人员认为,小学和初中没有必要设副校长职位,而对于规模较大、存在一定困难的学校,通过安排多名教导主任便已达到教务分担的目的。职务分担可以划分为管理性业务和指导性业务。安排的条件是"对于规模大且学校运营有必要得以充实的学校,学校需求得到认可后会多安排一名教导主任"。也就是说,义务教育阶段的学校原则上不设副校长职位,如果学校申请并确实有必要时,会加派教导主任以便改善学校管理。

对于高中,达到一定规模的学校或者是有特殊原因的学校可以设置教导主任和副校长,或者是设立副校长取代教导主任,以此来辅佐校长工作,对校务工作内容进行安排和决策。以上规定也适用于特别支援学校,如表1所示。

表1 群马县教导主任·副校长的设置方式(草案)

	小学·初中	高中	特别支援学校
教导主任→副校长(取消教导主任单设副校长)	×	○	○
教导主任+副校长(教导主任和副校长职务分担型)	×	○	×
教导主任+教导主任(多名教导主任制)	○		

注:群马县教育委员会学校组织运营研究会《关于学校组织运营的提案—学校组织中的"新职位"设置—最终报告》,2008年12月,川口。

★设主干教谕·指导教谕

与安排副校长一样,群马县对于设置主干教谕和指导教谕也进行了讨论,并决定按照学校种类的不同采用不同的设置标准。主干教谕的职能主要包括三项:第一是承担原本教导主任所负责的部分职责(辅助全校的学校运营、分配安排部分校务、对其他教师员工下达指示);第二是承担以往由主任和主事所肩负的部分职务(分管领域的策划、联系协调、指导建言);第三是作为一般教谕所要承担的职责(教学、校务工作的分管)。所有学校都会至少加派1名主干教谕。但是,鉴于小学和初中的财政紧张问题,如果一所学校已经安排了多名教导主任,那么原则上该校不再加派主干教谕,争取在未来3年以内安排主干教谕。另外,为"防止组织系统臃肿化",群马县规定"在安排主干教谕的学校里除了部主事以外,对于已由主干教谕承担的校务不再另设主任一职负责"。

但是,对于设置指导教谕,群马县则表现得相对比较消极。因为该县对于设置指导教谕问题存在一些顾虑,包括"在权限问题上有一定的局限性(仅限于对其他教师的'指导建言')"、"在初中和高中对于不同于本学科专业的老师是否能给予有效的指导建言？如果学校安排了'主干教谕'是否还有必要再安排指导教谕"等。

然而,当时在群马县的很多学校里,大量有经验的老教师相继进入退休阶段,学校面临着既要培养年轻教师又要促进教学指导方法传承的问题。特别是有些高中还要承担帮助其他学校教师进行研究和培训的任务,即"肩负全县教学质量提高的责任"。鉴于此,群马县最终还是提出的了如表2所示的安排标准(草案)。

从2011年度开始,该县在6所大规模的初中、12所县立高中和1所县立特别支援学校设置"新职位"副校长。透过群马县的讨论,我们可以看出该县基于现状所进行的讨论,其所意识到的课题与国家层面所讨论的课题有一定差异。例如,财政问题(财务条件),小规模学校的数量居多(学校规模),学校种类不同所造成的特性差异(因学校种类不同而产生的差距),对因机构冗繁而导致学校失去灵活性的顾虑(避免学校组织臃肿)等问题。

表2 群马县主干教谕·指导教谕安排标准(草案)

	小学·初中		高中		特别支援学校	
	主干教谕	指导教谕	主干教谕	指导教谕	主干教谕	指导教谕
设多名教导主任的学校	×	1	3名以内(专业学科+1)	每个学科专业全群马县5至10名	各部数+1	1
设一名教导主任的学校	1					

注：群马县教育委员会学校组织运营研究会《关于学校组织运营的提案—学校组织中的"新职位"设置—最终报告》,2008年12月,川口。

3. "新职位"的作用及其发展前景

因为"新职位"是根据教育委员会的判断和裁量来设置的,所以其设置条件和选考、任命、调动的方法也因各自治体的不同而存在很大差异,同时,其实际操作情况也具有多样性[7]。关于设置"新职位"这一问题,虽然在政策制度上还存在不少问题,但已经设置了"新职位"的学校就必须要用好这些人才。最后,让我们一起思考一下这些"新职位"所要承担的责任。

★副校长

设置"新职位"之前,日本学校设教导主任以"辅助校长、安排校务",而新设的副校长一职则是和校长一样属于管理职位,是作为经营层而设置的。例如东京都的副校长所从事的具体工作有制定学校经营计划、编排教育课程、学校内部人事安排以及人事考核等[8]。另外,副校长也"可以从事教学等具体教学活动。但必须具有相应学校层次相应科目的教师免许证"[9]。副校长位于教导主任职位之上,要协助承担学校经营责任的校长工作。副校长不能只是等待校长的指示行动,而要积极参与到学校经营活动之中,并且要带领指挥学校内的教职员工。

★主干教谕

主干教谕必须承担相应校务,协助校长和副校长的工作,促进学校灵活经营,强化其带领指导普通教师所需要的领导职能。主干教谕的职能超越了以往教务主任与学年主任等"虚职"所承担的指导和建言、协调和沟通工作的局限性,具有一定的监管作用。例如东京都的"主干"就肩负着"监督、人才培养、协调、辅佐校长和副校长"的职责,需要参与学校经营,"总结分管教谕的意见,并将有关学校运营的意见转达给学校管理层,将校长的学校经营方针传达给普通教师,并管理所承担的部分校务"[10]。

主干教谕属于中层领导,需要不断协调上级管理层与实践现场中的教职员工,所以主干教谕所要面对的复杂状况和难题也比较多。但是,由于主干教谕要承担教学任务,所以能够切身感受到实践现场中的问题。同时,因为主干教谕作为分管校务的中层领导会与校长和副校长等管理层人员一起去参加各种委员会和其他会议,因此能够培养出良好的经营意识。也就是说,主干教谕兼具了管理层意识和一线教育工作者意识,而具有双重意识在教育改善和组织变革中,被视为一大优势。

★**指导教谕**

在曾经的"超级教师"制度中所体现的职责现在作为明确的"职位"被确立,这说明教育实践中的"导师",意即教师的引导者、带头人的概念被确立了。我们可以看到在部分地区,有些"超级教师"制度会表彰"优秀教师",并使其走出所属学校,成为地区的教科教育带头者,促进地区教学水平的提高,为开放灵活的教师培训做出贡献。指导教谕的制度化使指导教谕"既能作为一名教师了解本校学生的实际情况、开展教学活动,又能对其他教师进行一定的指导、给予建议"[11],成为一名"校内'教师导师'"。

例如,2007年大阪府教育委员会规定指导教谕的职务内容有"培养教师:

指导教谕、指导养护教谕和指导营养教谕需要指导其所属学校以及所在地区其他学校教师的教学改善;支持研究和培训:支持大阪府教育中心等的研究和培训活动;与地区开展合作:为地区的学校和相关团体提供信息并接受家长的咨询"。指导教谕不仅是所属学校"教师导师"也是地区"教师导师"[12]。但是我们可以看出这种"教师导师"地位因各个教育委员会不同而产生差异。例如,东京都设有"主任教谕"(2010年设置),但从其规定"主干是不同于兼职主任的主任,在学校运营上肩负着重要责任"、"积极辅佐作为指导监督层的主干"、"承担指导建议同事和年轻教师的任务",可以看出该职位其实还不够透明。因此,我们更要认清楚各教育委员会所规定的指导教谕职位的内涵[13]。

不管怎样,指导教谕都是提升教师教学能力和指导能力的先锋。当今社会无论是教育课题还是学校所处环境都很复杂,孤军奋战的教师总会筋疲力尽。这种情况下,就要求指导教谕必须去帮助那些被各种难题所困扰的教师,带领学校开展校内培训和学科教学研究。

在"新职位"设立之际,"我们希望这些'新职位'能够在各学校发挥作为沟通渠道的作用,促进学校校务分管组织的重组"。同时,学校在灵活设置"新职位"的时候有必要积极参与主体性实践,推行校内改革[14]。"新职位"不像以前的主任,校长无权任免"新职位",但是,对于学校而言,如何明确"新职位"的教师所要承担的责任,如何激活学校组织,使其与教育改革相结合却是学校所必须面对的重大课题。而且,在"教育实践中创造"出这些"新职位"人员的价值也是很重要的。

注释

1. 小学、中学、高中(包括中等教育学校)、特别支援学校的总计。文部科学省「公立学校における校長等の登用状況等について」,2011年11月8日公布。
2. 東京都教育委員会主任制度研討委員会「学校運営組織における新たな職『主幹』の設置に向けて」,2002年。
3. 均指2006年10月,中央教育审议初等中等教育分科会有关教职员工薪酬待遇工作小组(第7回)会议纪要会议资料「『主幹制』の導入状況について」,2006年10月。
4. 同上中央教育审议委员会资料。
5. 群馬県教育委員会「学校の組織運営研究会中間報告」,2008年2月。
6. 群馬県教育委員会学校組織運営研究会「学校の組織運営の在り方に関する提言—学校組織における『新たな職』の設置について—最終報告—」,2008年12月。
7. 详情参阅「『新たな職』をめぐる議論と実態に関する一考察—教育委員会の多様な対応と課題に着目して—」『学校経営研究』第35巻,大塚学校経営研究会,2010年,第36—50頁。
8. 東京都教育委員会「これからの教育管理職等の任用・育成及び職のあり方について~教育管理職等の任用・育成のあり方検討委員会 最終報告~」,2008年7月。
9. 文部科学省「学校教育法等の一部を改正する法律について(通知)」,2007年7月。
10. 東京都教育委員会「副校長・主幹教諭の育成及び職のあり方について~教育管理職等の任用・育成のあり方検討委員会 第2次報告~」,2008年3月。
11. 同上文部科学省通知。
12. 大阪府教育委員会「大阪府立学校首席並びに指導教諭、指導養護教諭及び指導栄養教諭の職務等に関する要綱」。
13. 東京都教育委員会「東京都立学校の管理運営に関する規則の改正について~教員

の職の分化〜」,2007 年 6 月。
14. 加藤崇英「『主幹教諭』の機能を活かす学校経営の推進」『教職研修』2009 年 11 月号,教育开发研究所,第 34—37 页。

第二部分　学校"组织力"和教师的主动参与

第3章
将学校作为组织看待

1. 在某私立高中

突如其来的讲师邀请

几年前,我曾在某县教育培训中心主办的专题研讨会上做了大会发言,几天后,有位参加过专题研讨会的私立高中教导主任给我发来一封邮件,邀请我作为学校培训会的讲师给全体教师讲话。邮件介绍因学校是利用暑假召开这唯一的一次全体教师校内培训会,所以一定想邀请我来讲话。

我经常接受公立学校和教育委员会的邀请去讲话,但收到私立高中的邀请却属少有。当时我不太了解那所高中到底是什么情况,所以我想通过邮件了解那位教导主任到底期望我去讲些什么,又是为什么想要邀请我去讲话的,可是最终也没有找到答案。我认为如果轻易接受邀请而自己却无法满足对方要求的话是件很不礼貌的事情,所以我打算拒绝此次邀请,但没有想到的是对方非常诚恳地表示还是希望我去做讲师。最终我抱着去学习的心态接受了邀请。

众所周知,高中具有多样性。每所学校的老师要面对怎样的学生,又需要去克服什么样的课题等都因学校不同而异。要想给学校教师讲出一些有用的实话,就必须先了解清楚那所学校的学生和教职员工的实际情况,之后再决定演讲题目。

所以,我决定先去学校了解一下学校的教学情况,并跟邀请我去做讲师的教导主任当面谈一谈。

对于"学校经营"理解的分歧

在教导主任的指引下我们沿着走廊观察上课情况,围着学校转了一圈。上课时的校舍比想象中安静得多。

每间教室内站在讲台上的教师都声音洪亮,而形成鲜明对比的是台下的学生几乎都是无精打采。去教师办公室看了一下,所有教师都面朝着排列整齐的办公桌默不作声地工作,看起来很忙。我感受到他们在工作期间丝毫没有可以放松的余地。

在理事长室,进来了另外一位管理人员 A 老师。A 老师看着我递过去的名片上印着"学校经营学"的字样,表情惊讶地说道:"想来我们学校生源充足,要考进我校的学生竞争也越来越激烈,考入大学的毕业生也在不断增加,此次我们预定召开的学校公开课也有很多中学生报名来参加,全县都评价我们学校的经营做得很好,我也经常被各个学校邀请去做讲座,我们没太有必要听学校经营学领域专家的讲话。而且,这次培训的参加者都是普通教师,您给我们讲些什么好呢?"

此时,我感到非常困惑,因为我想询问的正是"你们想让我给你们讲些什么呢",我一边思索着一边把目光转向邀请我来演讲的教导主任身上,却发现他的视线躲开了我,而且没有要讲话的意思,于是,我跟 A 老师两个人谈了 1 个多小时。

最后,我感觉到对方一直在防备着我会盗取他如何提高生源数量的"经营战略"。其实我这个领域的研究重心根本就与之无关,但也许对方认为"学校经营学"就是研究如何提高生源数量的策略,是一门可以信手拈来的学问,我掩饰不住自己的黯淡,因为无论怎么跟他讲他都对我抱有一种不信任感。

对话进行得越来越艰涩,我甚至有些失落,我在想学校管理人员怎么对我的研究领域"学校经营学"竟有如此的错误理解。

转念一想,造成这种误解的原因不在于对方,问题出在了以学校经营学研究作为毕生事业的研究者自己身上。想到这里,我决定一定要借此次校内培训的机会把我自己所思考的学校经营学的重要性告诉所有来参加校内培训的教师们,让尽量多的教师理解。这种情绪日益高涨,最终我把演讲题目定为"如何使学校组织成为活力四射的组织"。

在暑假临近结束的一天,我为100多名教师做了1个半小时的演讲,演讲过程中我比平时都更有意识地关注着教师们的表情和眼神。出乎意料的是,参加此次培训的年轻教师比较多,也许是他们平时接受培训的机会并不很多,所以我能够感受到不少老师的眼神热切。

A老师坐在主持人席上,从始至终都很认真地听我讲话。演讲结束,A老师热情地告诉我:"您的讲话太精彩了,真的太感谢您了,这是我们平时在学校里很少思考的问题,来参加培训的老师们也都很高兴。"A老师的话让我感到惊喜。

2. 学校教师敬而远之的"学校经营学"

事实上,学校管理层不懂学校经营学的现象不仅仅存在于私立学校。本来学校经营学的主要研究对象就是公立学校,但是公立学校相关人员也未必十分了解这个领域。

下面我想给大家讲一个有点晦涩的故事,这件事发生在某年召开的一个学会上。

日本有个教育经营学会,对于在日本研究学校经营学的学者来讲,它可谓是最核心的学会之一。学会成立于1957年,在教育学专业学会中属于历史悠久的学会。学会创设之初主要由学校经营和教育行政领域的研究者开展学术活动,但是在最近20年中,小学初中高中的中坚教师和教育委员会及教育中心的指导主事也相继加入学会[1]。

但是,围绕着学校经营的现状,即使是属于同一个学会的研究者和实践者之间也存在着很大分歧。为了能够解决分歧、从正面思考研究者到底该怎样做,在2001—2003年度,学会围绕"构筑学校经营研究中的临床研究法"主题进行了讨论[2]。

第一次(2001年)讨论的主持人就是我,我在现场被一位中学教师的发言所深深打动。

当时,这位教师在研究生院业余学习学校经营学,她说:"当我跟我的同事们讲'我在研究生院的专业是学校经营学'的时候大家都会露出惊愕的表情,但是在研究生院学习的过程中我意识到,即使作为一名教师,学好'经营'这门课也是很重要的,在编排课程、搞教学研究中都可以运用到相关知识。"接着这位女教师又说:"在学校内部通过学校管理层传达给我们老师的'组织'、'经营'概念其实都是一些表层解释。所以,我希望能让普通教师也有可以学习学校经营学的机会。"

这位女教师的发言给我留下了深刻的印象。

在日本,探究教育学的研究者们真正把"学校经营学"作为一个研究领域去积极探索是在20世纪50年代中后期。当时在"55年体制"下,教育行政的中央集权化得以推行，那也是公立学校管理体制被加强的时期。对于学校教学内容和学校教师的"由上而来的压力"问题，很多研究者都有一种危机感。

每所学校都应该是直接面向儿童、创新教育实践的教育专业机构，所以学校不同于行政机关，是具有独立性的"为教育而存在的组织"，每个组织进行教育活动创新的"自律性"都需要得以保障。当时的研究者大多基于这个共识探讨"学校经营"的必要性和重要性。

可是，之后的很久，讨论都把关注点和精力投入到了如何确保学校区别于教育行政部门的独立性上。现实中考虑学校自律性就意味着把焦点置于学校与文部省（现在的文部科学省）与教育委员会的关系上，或者是学校与教育委员会的权限问题上，这样一来，关注点被迫转移到了制度层面。

而研究者所进行的上述讨论对于学校的管理层来讲并没有实际价值和意义。作为学校管理人员，他们也许会更多地关注在"文部省 VS 日本教师工会"的对立中应该怎样才能"管理好"学校。在普通教师眼里，学校组织和学校经营这种词语都和自己的教育实践不相干。也就是说，在公立学校，无论对于学校管理层还是对于普通教师而言，学校经营学都没有被广泛认知，更别说私立学校了。

3. 对"学校力量"的关心不断高涨

学校所具备的综合力量是什么？

正如第 1 章中所介绍的那样，公立学校所处的制度环境正在急遽变化，由于学习指导要领的大纲化和班级编制标准的弹性化等,学校裁量权确实得以扩大。即使是公立学校,由于设立公立学校的地区不同,孩子们所上的学校不同,教育质量也会产生差距。每所学校所具备的条件和实力都大大地影响着教育实践。

在这种情况下,只就如何确保学校独立于教育行政的制度改革进行讨论已经太过局限,基于各所学校的实际情况和条件进一步探讨为了促进学校教学活动的改善应该怎样做是很有必要的。我们要特别关心一些学校的组织和经营改革方法,要抓住可能推动学校改善的自律性组织作用所形成的综合力量,以及学校产生及运用这种力量的方法。

最近,我们可以看到"学校力量"这个词频频出现,这也正说明了研究者对"学校力量"的关注。2005年10月,中央教育审议委员会发布了题为《创造新型义务教育》的报告,其中指出"通过强化学校的教育力量('学校力量')和教师的力量('教师力量')来培养孩子们丰富的'综合能力'是国家改革的目标"。

讨论学校教育改革必定会要求"提高教师素质能力",这已经成为"定式"。一般来讲,一旦意识到教师个人的教学能力不足时,就会要求改革教师资格制度、完善教师培训制度。但是,此次报告中关注了不同于"教师力量"的另一要素,即"学校力量"。其实,在第1章和第2章中介绍的"学校评价"的制度化和对"学校组织经营"的关注以及"新职位"的配置等有关学校组织改革的一系列政策都与此相关。

但是,"学校力量"中的"力量"到底意味着什么,是否可以称其为学校应该具备的综合"力量"吗?其实这个问题还是很难回答的。作者试图在网上输入关键词"学校力量"来查找其含义,结果发现"学校力量"一词竟然被运用在各种语境中。

为什么这个找不出具体含义的词语会受到如此的关注？其实大家都知道，学校中教学活动结果的好坏不仅仅取决于教师个人能力，而能够促进每位个性丰富的教师提高自身力量或者是使教师力量得以灵活发挥的重要因素就是我们所说的"学校力量"。

每个人的眼睛是否熠熠生辉？

回到我在前面所讲到的那个私立高中。

对于笔者花费了一个多小时进行交流的 A 老师来讲，"学校经营"就是为了增加生源和提高毕业生的大学升学率而采取的各种手段和策略，所以他认为"学校经营"只是他这种管理层人员的工作，普通教职员工根本不需要知道太多。

但是，笔者透过该学校的教室和办公室看到的却不是上述问题。虽然我的确感受到了"具有一定学习能力的学生在听课"，但是反过来讲我也看到了"在讲课的老师们缺乏活力，课堂氛围死气沉沉，学生反应也很冷淡"。我不由得思考："这所学校的老师们到底能否在感受到自身价值和工作愉悦的同时，为学生们充分发挥自己的创造力吗？"

2010 年 1 月 29 日，《朝日新闻》晨报中刊载了当时日本男足代表团总教练冈田武史和分子生物学家福冈伸一的对话记录。

冈田教练说："我要求选手不能因为'是教练的指示你才动'，你们每个人都要判断自己应该怎么做才能对整个球队有利。"接着他说："很多人认为一个组织里有位具有强大号召力的领导，那么这个组织就是优秀的组织，其实现在我的观点与之不同。"然后他又说了一段富有深意的话：

曾经我也是按照概率论来制定作战方案,我会告诉选手"你要这样踢球"。在某种程度上我们做出了成绩,可是我的心底却似乎一直被什么牵绊着,然后我碰壁了。我嘴上说"我的理想是带领出一个让选手的目光熠熠生辉、生龙活虎的足球队",但实际上队员们都在我的指令下机械地运动……我开始思考怎样使选手们既不变成一盘散沙又能感受到踢球的愉悦,同时还可以形成一支有活力的队伍。我现在的目标就是指导出那样的一支球队,庆幸的是现在球队初具雏形。

　　继这篇报道之后,日本男足在 FIFA 世界杯中首进决赛并让日本球迷们为之疯狂。我至今都还记得场上活跃的几位非常有个性的选手。

　　看球赛的时候,观众的眼睛经常会被选手们的个人球技所吸引。另一方面,我们也知道每当教练更换,有时球队的长处会得以延续并发扬,而有时球队会变得意气消沉,由于教练的方针和战术不同而导致整个球队的实力发生很大变化。在此,我关注的是冈田教练的思路发生巨大转变这一点。曾经他追求的是带领出一个在教练指令下活动的球队,现如今,他强烈地意识到既要保持球队的整体性,同时还要让每位队员的眼光熠熠生辉,让他们充满活力地踢球,并且从中感受到快乐的重要性。

　　再回过头来看学校。面对来学校的孩子,每天置身于课堂的是教师。所以,站在教育最前沿的每位教师的力量都决定着孩子们所要受教育的质量。

　　既然如此,我们只要像铸模型一样明确好每一位教师所要完成的工作内容,并且为了保证所有老师都能分毫不差地完成任务而进行彻底细致的检查就能提高教学质量,就能改进整个学校的表现了吗? 现实中这是无法实现的。每天的班级管理和课堂时间是教师们展现自我个性以及实力的重要时间,每位教师如果不能从中体会到真正的喜悦,那么即使是改善教育肯定也维持不久。

教育行为本身伴随着不安和烦恼。以思想不成熟、个性丰富的儿童群体为对象的教育实践活动需要教师克服很多困惑、失败,并通过自己的判断和创新来维持、探索。因此让那些在学校里需要作出上述重要判断的一线教师"目光熠熠生辉"地从事工作是必要的。

至于每所学校所具有的条件,在此我们从"组织"的观点加以分析。

4. 把学校当作"组织"来抓的重要意义

作为教育专业机构的学校

对于希望成为一名教师的学生以及关心学校教育实践的人来讲,他们大多都认为"组织"这个词和学校无关。

我们普通人对学校的最基本印象就是教室里有一位老师面对学生们讲话,班级和教室里老师与学生、学生与学生之间都在进行着各种相互交流。

有时候我们会把接受教育的学生们作为群体或者组织来对待,但是我们认为从事教学工作的教师都是"一个人在工作"。我们基于自己"童年"的学校体验在自己的脑海中勾勒了教师形象和学校形象,此时,如果再想把"组织"概念加入其中是比较困难的。

有人会问:我们在思考"学校"和"教师"问题上为什么非要强调"组织"概念的重要性呢?

早在20世纪50年代中后期到60年代,日本研究者就已经将"把学校当作'组织'来抓"的讨论推向了高潮。在1956年前后教育行政向着中央集权化转型,学习指导要领的法制约束力得到强化,学校教学活动受到越来越严密的"自上而来的统治"。面对这一社会现象,很多研究学者采取的对抗措施是主张学校的"自律性",用"组织"概念重新定义学校。

而这个理论的主导者之一——已故吉本二郎先生曾经就官僚势力排挤学校的社会现象,为学校做了以下总结[3]。

> 学校的本质在于开展教学活动,即使学校处于教育行政机构的管理之下,也是区别于行政机关的教育机构,这就是学校的特质。

学校,特别是公立学校,虽被置于国家·都道府县·市乡村行政机关的管理之下,但无一例外是为了孩子们的"教育"而开设的机构,它有别于普通行政机关。每所学校都有个性和能力多样的孩子们来上学,每个孩子都有其固有的学习需求,因此,学校仅仅是面面俱到地执行既定法令还不足以发挥其应有作用。面对每个个性丰富的孩子,教师发挥自身创造性,开展符合学校实际情况的特色教育才是最有必要的。吉本先生强烈主张必须要基于教育本质来追寻学校的应有模式。

据他讲,"学校经营"是"遵循教育理论有创意性的判断决策行为",学校必须是作为"负责任的经营主体"独立经营教学活动的组织[4]。可以说吉本先生强烈地意识到了学校在面对教育行政机关自上而下的管理时,作为教育专业机构保持"自律性"的重大意义。

"组织"是什么?

当时,吉本先生提出组织理论的依据是巴纳德(Barnard, C.)的"组织

(Organization)"概念。巴纳德定义"组织"为"由两人以上构成的有意识地协调策划出的活动和力量体系"[5]。根据其定义我们可以看到组织形成所必须具备的三个要素,如下所示[6]。

① 有可以相互传递信息的人(沟通);
② 这些人必须具有愿意贡献个人行为的意识(贡献精神);
③ 大家趋向于达成共同目的(共同目的)。

说到"组织"这个词语,大家都会有一种印象,即个人容易受到上司的控制。从前面所提及的某学会上中学教师的发言,我们就可以感受到校内人员所持观点。

但是,巴纳德所提出的组织三要素却不存在这种服从关系。我们可以透过三要素重新认识"组织"概念的本质,即为了达到一个人所不能完成的目标而由两个以上的人,通过沟通进行合作的过程和相互关系。组织的本质就是支持为了达到目的的个人,补充个人力所不及之处,否则就没有必要形成组织。我们的日常生活中,其实也存在着很多"组织"。让我来给大家举个简单的例子。

例如在早晚出勤高峰期,大都市的地铁站台上人来人往,直升梯上来下去忙忙碌碌。大家都在同一时间段看似做着同样的事情,但是大家谁也不认识谁。所以,我们不能称这一群在同一时间段聚集在同一地点的人为"组织"。

但是,设想在一个没有直升梯的地铁站台,从地铁上下来一个乘坐轮椅的人。他要到检票口就必须要上台阶,很多过路人都奔着自己的目的地匆匆迈开脚步,和这位残疾人擦边而过。而此时,有个人注意到了残疾人的存在而停下脚步并叫停几位过路人,几个互不相识的人稍一商量,边喊着口号边把轮椅抬上楼梯。在轮椅抵达可以安全前行的地方之前的短暂时间里,那些抬轮椅的人形成了一个组织。因为那些人为了达到共同的目的而进行了沟通交流,具备贡献意识并相互合作。

原本设立学校是为了完成在宪法·教育基本法·学校教育法中所规定的公共教育目的。通常,学校里有多名教职员工,这些人为了所有来上学的孩子而贡献力量发挥才能,学校才能真正运转起来。从这个意义上来讲,学校无疑就是教育的"组织"。

5. 对学校组织"力量"的期待

即便如此,一所学校又能有多大力量?把学校作为组织来抓到底能让孩子们在学习上产生多大的变化?我想有很多读者肯定也抱有同样的疑问。

作者曾经每年都参加多次学校的校本培训,我想跟大家讲一个小学里发生的故事。

小学教室的"空气"中蕴藏着班主任的"色彩"和"力量"。其中,有一位叫内藤的老师,他所带的班上有一种紧张感和凝聚力,他能让班级里产生一种绝妙的气氛,促使孩子们在相互理解、相互认可的基础上进行交流。内藤老师作为培训主任为促进校本培训的发展而费尽心思,他说过的一段话很有深意。

他以前从没有想过要通过和同事们深入探讨教育理念和实践的方向性等问题来推进校本培训,他说:"以前我在担任班主任的班级里为发挥学生的个人创造力搞了很多实践,当我见证孩子们的成长时,我就感到十分满足了。但如今我感觉到孤身一人去干不行,无论我在做班主任期间有多卖力,当孩子们进入下一个学期换了班主任就很快被重新塑造,我们有必要考虑孩子们在6年里要经过很多老师的不同指导而学习成长这一现实问题。"

他的话中包含了分析学校现状的几个启发性要素。

学校教师很容易陷入一个人思考、一个人实践的自我价值认同中,但站在孩子们的角度上来思考,孩子们却不可能总从一位老师身上获得"恩惠",因为每当班主任更换,孩子们就有可能要在不同教育理念和方法的带领下学习。所以,我们必须思考在孩子们的长期在校学习过程中,应该确保孩子们怎样学习。

围绕着从2007年度开始实施的全国学力和学习状况调查,我们进行了大量的讨论。例如,是否该公布学校和地区的学力调查结果,该怎样分析调查结果,调查结果又该用在什么目的上等等。

其中有一些意见认为,以学校为单位的调查结果反映了那所学校的教育活动质量和教师努力程度,说得简单一些,就是学生学力调查结果反映了学校老师的工作水平和态度。作者对上述观点持有异议。

学校是否"努力"要看孩子们从来上学时的学力到毕业时的学力,在此过程中到底成长了多少,只看一个节点的学力水平是不能展现成长过程的。况且学校的"努力"程度不仅仅取决于教师的个人实践和改善,学校作为一个有凝聚力的组织,能够持续稳定地为孩子们提供教育才是最重要的。

6. 学校产生教育成果的主要原因是什么

学校"无用"吗?

要思考这个问题,我们首先可以从欧美国家的"有效学校(effective schools)"研究中吸取经验[7]。

众所周知,在美国,社会经济地位不同的人,其居住地是被明确隔离开来的,这与种族隔离也密切相关,通常在大都市的中心地带居住的是低收入层的少数派种族,而在郊区居住的大都是中高层收入群的白人。美国公立学校制度虽然是因州而异,但基本上所有州从小学到高中都实行学区制。所以,上面提到的地区差异性会直接导致公立学校学生的差异。

更严重的现实问题是,贫困层居住区域公立学校的孩子学力很低,相反,富裕的白种人居住地区学生学力则比较高。在20世纪50年代,美国反对歧视黑人的运动高涨,上述现象也被视为"教育不平等"的典型而备受关注。

社会上的一种普遍观点是,"少数民族后裔多的学校之所以学力低下是因为教育设施、设备和教师等条件比白人多的学校要差",然而1966年公布的《科尔曼报告》却与所谓的大众意识相悖。报告指出,两个区域在人力物力条件上的差异不足以对学生学力的差异产生决定性影响,而之所以两者间会产生学力差异,其根本原因在于白人儿童和少数民族后裔儿童所处的生育环境以及由环境所决定的儿童学习欲望的差距。也就是说,两者在进入学校之前在学力上就已经有了差距,而且报告还指出,即使两者都接受学校教育也很难消除掉那种差距。

这就是著名的"学校无用论",即对于处在社会不利环境中的孩子来讲,学校是很难发挥巨大作用的。换言之,"处在社会不利环境中的学校和孩子,他们的努力是无用的"。同时,对于教职员工而言,"面对这些孩子你想通过学校教育来增加其'附加值'是不可能的"。

听完这番论述,再回想自己班上学生的样子,你一边回忆一边不住地点头,"确实,学生们的学力和学习欲望是源于那个学生的家庭环境"。你认为就这样默默地接受"学校无用论"可以吗?如果你接受了这种观点,那么就意味着你已经对学校存在的意义不抱期望。但是从学校教职员工的立场出发,你更应该把"学校无用论"看作是对自身工作和社会责任的重大挑战才对!

质疑"学校无用论"

孩子上学能获得什么?

作为代课教师你也许会在意"自己班上的学生听懂课了吗"、"他们记住所学的知识了吗"等问题,然后通过小测验和定期考试来衡量教学成果。如果你是班主任,则会注意"学生能否处理好与同学的人际关系"、"运动会和文化活动是否提高了班级凝聚力"等问题。通过这些点点滴滴的积累,到了年末你就能发现学生们的成长。如果你有这样的信念,那么你肯定能够在忙碌中感受充实、体味收获,然后每天都可以以饱满的姿态投身于教育实践中。

站在学校管理者的立场上,最重要的是看每个孩子从他入学到他毕业为止,这期间他到底获得了哪些新能力。如果要看"学校教育效果",就要关心来"这所学校"上学的孩子到底哪些方面发生了变化。

如果你这么思考问题,你会发现"学校无用论"其实是一种对每天勤勤恳恳地奋斗在教育一线的教师们的侮辱。作为公共教育机构的学校和在那里工作的教师,如果承认了"学校无用论",其实是对自我存在价值的否定。

当然,对于"学校无用论"的反驳,早在20世纪70年代到80年代的"有效学校"研究那里就开始了。

对"学校无用论"持有异议的研究者关注到了少数民族后裔居多的贫困地区,这些地区确实有很多学校的学生学力比较低。但是,经过仔细调查会发现,并不是所有的学校都那样。即使是处于同样的不利环境之中,孩子们的学力水平也因学校而异,其中有些学校就做到了让本校学生的学力与中产阶级家庭孩子学力保持同样水平。

"有效学校"是指能把贫困地区学生的学力水平提高到中产阶级地区学生所具有的学力水平的学校[8]。首先通过学力水平测试选拔出那些学校,然后研究那些地处不利环境条件下的学校是如何克服学校所面临的各种问题,即探究"是什么造就了学校的教育成果"[9]。

"有效学校"研究成果

我们可以看出"有效学校"都具有以下通性[10]：
① 有助于学生学习的学校氛围；
② 学校整体重视有关基础技能的教学；
③ 教职员工对所有学生的学力水平达成度都抱有很高的期望值；
④ 分析掌握所有学生的学力水平状况,明确指导目标；
⑤ 有强有力且具有计划性的教学领导。

其中,第一项是指学生能够安心交流意见的教室,当你踏进教室时就能感受到浓厚的学习气氛,而这种气氛不限于个别教室内,而是充满了整个校园。

第二项则是指将"让孩子们从根本上掌握作为一切学习基础的'读写算'等基本技能"作为全校工作的重点,就此学校所有教职员工能达成共识。被调查学校都地处家庭和地区环境不好的区域,在这些地区要特别重视学生基本技能的扎实程度。

第三项意思是"皮格马利翁效应(Pygmalion Effect)",也就是"教师期待效果"。全体教职员工都坚信"这个学校的学生拥有可能性",在此基础上进行教学和其他指导。无论是学习目标达成度还是在生活习惯指导中,指导方对学生期待值的高低会造成具体指导的不同。

第四项要结合第二项去理解。要保证所有教职员工都能根据教学目标确认教学完成度,并根据现有教学完成度而制定下一个教学目标。

第五项意味着校长要将关注点放在提高学校教学质量上,对全体教职员工发挥强有力的领导作用。

如果把以上几点再简要地加以总结,则可以概括为以下 3 点。

第一,面向全体教职员工明确教学目的,并坚持测评,使教学目标具体化。这是对第二项和第四项的总结。

第二,发挥管理层(校长)强有力的领导作用。特别要使这种领导力作用于教学活动的改善上。

第三,对学生学习质量具有重大影响作用的是在教职员工之间所形成的"氛围"和"期待",又可称之为"眼睛看不见的要素"。

这些都是学校内部要素,而不是国家和地区政策所能创造出来的。另外,这些条件也不是学生的家庭条件和地区条件所决定的,更多的是依赖于教职员工的合作。但要注意它绝不是教师个人通过实践就能达到的。

由此可以看出"学校内部组织和经营要素造成了学生在学习质量上的巨大差异"。每所学校的"组织"情况都有可能超越学生所受到的家庭、地域环境影响,为学生们提供良好的学习环境。"有效学校"研究论证了以上事实,具有重要意义。

"有效学校"研究给国际机构 OECD(经济合作开发机构)在 80 年代中期以后所进行的"学校改善(school improvement)"研究带来了很大启发,同时也得到了日本学校经营学研究者的广泛认可[11]。

注释

1. 详情参照 http://jasca.jp/。
2. 3 年的讨论内容详情请参阅小野由美子、渊上克义、滨田博文、曽余田浩史编著『学校経営研究における臨床的アプローチの構築』,北大路书房,2004 年。
3. 吉本二郎『学校経営学』,国土社,1965 年,第 51—52 页。
4. 同上书,110 页。
5. 巴纳德(Barnard, C.)著、山本等人翻译『新訳経営者の役割』,钻石社,1968 年,第 76 页。
6. 同上书,第 85 页。
7. 请参阅锅岛详郎『効果のある学校』,解放出版社,2003 年。
8. Edmonds, R., Effective Schools for the Urban Poor, *Educational Leadership*, 37 (1), 1979, p. 16
9. 请参阅滨田博文『「学校の自律性」と校長の新たな役割』,一艺社,2007 年,第 59—60 页。
10. Bossert, S. T., School Effects, Boyan, N. J. (ed.), *Handbook of Research on Educational Administration*, Longman, 1988, pp. 341 - 352.
11. 例如日本教育经营学会　学校改善研究委员会编『学校改善に関する理論的・実証的研究』,行政出版社,1990 年。

第4章
如何看待学校"组织力"

1. 什么叫"组织力"

超越个人力量总和

不知道你是否还记得1996年亚特兰大奥运会。在这次奥运会中的女子马拉松上,有一名叫有森裕子的日本选手,她在继1992年巴塞罗那奥运会比赛的银牌之后再次获得铜牌,在获奖感言中她说道"我第一次自己想表扬我自己"。

在同一届奥运会上,日本足球代表队以1∶0战胜巴西队,日本人欣喜不已,称那次比赛为"迈阿密的奇迹"。当时的巴西队拥有在1994年世界杯中获奖的主力队员,被称为世界最强球队。相反,连世界杯出线经验都还没有的日本队在大家眼里显然处于弱势地位。

也许单从选手的个人球技和速度上来看,日本球队是完全没有胜算的,但是由球员们所组成的1支球队,每个队员都能按照精湛周到的战略战术行动就使战胜对手成为了可能。

当时笔者就在迈阿密近郊的城市进行着为期半年的海外研究。由于那场比赛跟举办方美国没有丝毫关系,所以在美国境内连直播都没有,但是第二天笔者打开晨报看到体育专栏的头条上赫然印着几个大字"巴西竟然输了"时的感受,至今依然记忆犹新。足见当时日本足球队的无名和所有人都在坚信巴西会胜利的反差。

据此，笔者认为组织蕴藏着从个人力量中所不能发掘出来的不可思议的力量。人一旦形成了组织就能够发挥出超越了个人力量叠加总和的能力，这种能力就是"组织力"。

"组织力"就是"井然有序"吗？

首先，我认为对"组织"的理解会决定我们对"组织力"印象的不同。

如果你把"组织"理解为上司对部下的权力统治，那么就会得出官僚组织。在那个组织中，组织整体所要做的工作内容都被整整齐齐地分类并被安排到了各负责人头上，是很明确的业务分管。分管各项工作的人具有相应管理权力，而分管工作人员之间属于阶层关系，并且每个人的工作内容都因被明确规定而固化，因此这种组织要求每一位成员要控制私欲、忠实地执行规定、完成自己的职务。而以上程序得以贯彻实施才能保证组织活动能够最高效地达到既定目标。只有事先明确提出所要实现的目的，这个组织才是最有效、最合理的。

如果你是把组织想象成上述模式然后再来看"组织力"，那么"组织力"就是服从上司决定，各成员按照规定忠于职务，按照既定规则迅速、妥当、正确，并能够不拖拉不浪费、以井然有序的状态完成工作的力量。你所想象的"组织"中，人犹如冰冷机器上的齿轮一般，而组织成员所要做到的就是不为自己的意识和情感左右，服从既定规则和来自上级的指示与命令。

何谓动态"组织力"？

但是，"组织"可能会更多样。

正如前面所提到的亚特兰大奥运会中日本足球队的例子。让我们来看一下日本足球队在与南美、欧洲强队对战时所发挥出来的"组织力"。

在此,我想讨论一下"组织力"是怎样来弥补日本足球队员在体格、力量、速度等方面的不足。你可以想象得到队员紧密合作将球逼近对手球门的一幕吧？如果你仔细观察每一位队员的动作,你会发现在比赛当中队员都在不断地判断自己的使命,然后通过与其他人的合作创造出了具有跃动感的球队整体力量。所有队员都被要求既要最大限度地发挥自己的想象力和创造力,又要根据每时每刻都在变化的球场赛事来进行自我判断并采取行动。这里所讲的"组织力"跟我在前一章中介绍的冈田教练所说的话有共通之处。

这里讲到的动态组织力与前面提及的官僚组织中静态、固定的组织力形成鲜明对比。有时候把具有一定规模以上的官方组织作为官僚组织是必要的,但是,当我们分析作为教育专业机构的学校时,试想哪一种"组织力"形象更具亲和力呢？再来想象一下,学校里的每节课都要符合个性丰富多样的学生需求,这些处于动态中的学校更需要哪一种"组织力"呢？作者个人认为动态灵活的"组织力"更重要。

"组织"本来就不是由一个人组成的。如前所述,巴纳德指出组织不是静态的而是个动态过程,并提出了三要素,即为了达到共同目的而相互激励、加强贡献意识的过程,在工作中把尚不明确的重要工作目标确认清楚的过程,在这个过程中不可或缺的就是沟通交流。

只要组织是一个过程,那么它就绝不会是静态的。因为无论是组织外部环境还是组织内部情况都在变化,就连组织形态本身都在时时刻刻不断变化,当然有些变化对于要达到组织目标而言起到了负作用。但在此过程中,组织成员所具备的不迷失目标,维持组织正常活动,并使之得以发展、前进,最终解决问题,创造新活动的力量是组织所需要的。这也是"组织力"的重要构成部分。

2. 如何看待学校的组织特征

学校教育目标的烦恼

在文科省学校第三方评价试点工作开始的时候,作者和其他几位评价委员一起访问了一所中学。首先由校长就学校情况作了说明,然后所有委员拿着校长分发来的课程表进入各个教室听课。在傍晚的时候我们听取了几位家长教师联盟委员的意见,然后在第二天我们分别听取了几位学校教师的意见,最终进行学校评价。

校长按着演讲稿的内容热情地向我们介绍了学校教育目标、校长本人的构想、年度重点目标以及与此相关的课程特色。之后,在自由课堂观摩的时候,有位委员对我说:"校长构想和重点课题之间的联系很模糊啊!"接着那位委员参观了几个教室内的宣传栏,之后又跟我说:"宣传内容也没有统一呀!"

的确,我也感觉到校长在讲述他的蓝图和学校重点目标的时候用语衔接不当,而且也看到了每间教室内的宣传内容有不一致的地方。但是,我更能感受到校长在认真地挖掘学校存在的问题,然后努力去设定重点目标的热情,同时,给我留下深刻印象的是很多教室内老师和学生被温馨的教学气氛所包围,而学生们在踏踏实实地学习。

从对教师们的个别访谈中,我们了解到教师对学生现状以及学校课题达成了共识,并且发现其中有几位教师发挥了领导带头作用,在积极主动地推进校内培训和特色教学活动。

访谈之后我们几位委员交换了意见,起初持有异议的那位委员也改变了自己的看法并说道:"这所学校还是很不错的嘛。"

大约在10年前,有一所新建的小学,建校不久,我去学校访问,从第一任校长那里听到了很多关于建校之初所经历的困难。特别是我在听到校长讲述"虽然我们的教学目标、校徽、校歌都是学校与地区居民、家长一起设定的,但在教学活动中教学目标却能得以灵活运用"之后,深受感动,并决定以后有机会一定要再访这所小学。此后,由于我自身工作繁忙,一直没有机会再去,一直到当时接待过我的校长退休,又换了新任校长,我才终于有机会再次访问那所小学。

校长跟我讲,学校成了文科省第三方评价试点工作的对象学校,第三方评价者给他们的评语是"从整体上来看学校建设良好,但是教学目标不明确,所以有必要确立具体教学目标"。

我听了校长的一番话后沉思了一会儿说:"那些评语,还是别去理会的好!"校长微笑着回答:"我也没有太在意那些评语。"从他的回答中我听到了校长对平时与教职员工相互沟通、让整个学校的教职员工都能确确实实理解学校共同课题的自信。

学校的教学活动需要在一定程度上具有整合性,其中最关键的要素就是学校的教学目标。如果说为了实现共同目标大家相互合作是组织的一个重要标志,那么在一所学校里教学目标能被全体教师具体地、共同地理解好才是最重要的。但是,如果仅仅从字面去分析学校的教学目标的话,很难看到学校组织运营的真实情况,上面我举的两个例子就是最好的说明。

如何看待学校"共同目标"

正如前一章中所介绍的,"有效学校"研究结果表明学校内部的组织、经营要素会造成孩子学习质量的差别,但是该研究主要以基础学力薄弱学生就读学校为研究对象,在日本是指那些基础不扎实的学生比较多的学校。

很显然,在这些学校里提高基础学力测验成绩是这些学校教学的重要目的,所以这些学校里的所有教职工几乎没有可以商量的余地,都为了实现一个具体的"共同目标"而全心全意地投入,一点点地接近目标。校长也为了完成既定目标而强有力地带领着所有教师前进。

反过来想一想,假设在日本一所普普通通的公立学校又是怎样的情形呢?对于每一位教职员工来讲都迫切需要解决的"共同目标"到底有多少?

当然,在日本的学校里,获得作为学力基础的基本技能有可能成为学生们的共同目标,用考试成绩来测评学生们的学历水平也是有效的。但是,作者就多年来接触学校和教师的切身感受来讲,日本学校教师在日常工作中所意识到的目标远不是考试成绩所能涵盖的。老师在想起上课时每个孩子的不同表情和动作时会意识到"我有必要让这个孩子学习这方面的知识",然后投身于下一个教育实践中。

谈到制度,我们会提到教育基本法以及学校教育法中有对学校目的目标的规定。但是,在这里我们要思考的是每个学校的共同目标。

无论去哪所学校,都能看到学校会把该校的教育目标印在《学校简介》上,有时校门口的宣传栏上或者校长室内的墙上也都有张贴,还有些学校会把教育目标印在校舍墙壁上。但是站在教育最前沿的教师们在实际工作中又在多大程度上意识到了学校的教育目标呢?当教师们琢磨"我有必要让孩子学习这方面的知识"时,这个想法与学校教育目标又有什么关系呢?

明确来讲,每位教师的"想法"未必和学校教育目标有直接关系。另外,即使在同一所学校里,教师对彼此的"想法"也未必能够理解。

也就是说,在普通学校里"共同目标"并不像"有效学校"研究中的研究对象学校那样明确,其中隐藏着该怎样去看待学校组织这一难题。

3. 基于教师工作特征的再思考

尊重独立性

教师工作在很多方面都具有较高独立性。上课期间你到每间教室去转一圈就能看出这一点。特别是在日本小学里,一位老师要承担班级里几乎所有的课程*。同一层楼上同一年级的两个班级,课桌摆放方式、小组活动和班级活动,甚至是和班级规则有关的宣传物、学生作品展览方式、班级目标都大不相同。再来看一下上课的样子,即使是在教同一科目的同一单元,两个班级的老师在选择教材、展示方式、提问方式和板书内容上都会有所不同。

教师的核心工作场所就是教室,从空间上来讲其本身就具有较高的独立性,但是在一部分有开放型教室的学校,即使教室是开放的,教师工作的本质依然没有变化。就算是一位新老师,当他作为班主任进入自己的班级时,所有的决定和语言、行为都由他自己一个人来掌控。上课场面也与此类似。就是说,一名教师在进行班级管理和具体教学过程中,其他教职员工很难进行干预。

有个职业研究所开展了一项很有趣的调查,该研究把小学教师职业作为一种"对人的服务业",然后比较各种职业的"熟练度"[1]。调查对象包括小学教师、护士、飞机乘务员、保险业营业员,并把每种职业按"熟练度"分为"初级者""熟

---

* 译者注:全科教师。

练者""指导者"三档,然后对处于"指导者"地位的人进行采访,询问他们在之前的每个阶段中"对提高熟练度有贡献的经验是什么",并加以分类整理。

很有意思的是,小学教师中熟练度处于"初级者"和"指导者"阶段的"有贡献的经验"基本一致。调查指出小学教师的职业特点如下[2]:

第一特征是在以学习办事方法和办事程序等相关知识为主的初级阶段,需要具备综合知识的工作经验有助于教师提高工作熟练度。例如,"进行有针对性的'联络'工作"经验、"同事间进行深层讨论"的经验、"协调不同年龄层段人员工作"的经验等。要想把班级向好的方向引导,必须明确知道面对一个班级和班上的学生时,我要让他们都朝哪个方向前进。为了与学生以及广大学生家长进行"跨年龄层"的沟通交流,就要不拘于价值观,在关注问题本质的同时促使对方也参与进来。那些在其他工作岗位上需要成为领导后才能经历或者才能意识到的问题,对于小学老师而言,在他们最初的入职阶段就要经历。

其他职业是随着就职时间的增长而工作内容越来越复杂,是按着既定职业成长顺序发展。当你要进入下一个职业阶段时需要通过公司内部考核、获得公认资格证书等方式,逐步学习新的知识技能。当然,掌握一定的具体知识、技能等相对而言比较容易。

但是,教师行业却很特别。教师工作的本质部分,无论对新教师而言还是对老教师而言都是一样的。在很多场合,即使你是新上任的教师,也要面对没有明确答案的问题,并且需要自己思考并独立决定。所以,我们不能把教职工作简单地理解为物理意义和空间意义上的独立,更要正确认识到教师工作本身是具有很高独立性的。

理解"不确定性"

谈到独立性就不得不说说教师工作的另一个特性,即"不确定性"。

为了理解这个问题,我们可以想象一下分科教学的初中。"教师要在几个班级里教同一科目的课,如果老师事先研究好教材内容、备好课,那么有可能在所有班级上的课都差不多。"但是作为教学工作者,其实会感觉到"明明是同一年级、同一科目、同一单元,在每个班级上课的过程都是不一样的。"

这种现象说明,上课不是单向行为,无论讲课人具有多么明确的教学目标、怎么备课,一旦开始上课,课堂内容就会在很大程度上受到听课人的左右。

上课涉及每个学生的个性、需求、态度、学生集体的特征、上课时间等各种要素。上课就是要及时应对那些不确定要素,老师在每间教室里都要通过教材与学生们进行特有的沟通交流。我们必须承认每位教师在每间教室里都在从事着独立性很强的工作,这对于教师而言也是最大的工作"意义"。

曾经有一位小学骨干教师跟我描述过他在感受到工作"意义"时的场景。

> 年轻的时候,我总是边想象着自己所讲的课会吸引我的学生、并让他们投入学习的场景,边研究教材进行备课,那时我感受到教师工作意义重大。但是最近有些改变。我在讲课的时候,会遇到惊喜,那就是学生们自己创造出了连我都会惊叹的真正意义的学习,那一瞬间我从更深层上意识到了教职工作的重大意义。

这位老师用很朴实的语言概括出了教育工作的真谛,即建立在"不确定性"

上的极富创造性的工作。

佐藤学根据多纳尔德·舍恩（Donald, Schon）的理论提出了"'反思性实践家'教师"[3]概念，这与上面所提到的教师工作特征有密切关系。对于教师而言，教学作为最核心的工作，是建立在教师与学生集体的互动中的。同一位老师用同一个单元的相同教案在不同班级上课都会有不同效果，这是因为上课条件复杂多样，课堂具有不确定性。因此，每一位教师的专业自律性都极其重要，而且这种专业性的内容是无法简单地运用教学技巧等科技理性来剖析的。

教师是位于"最前沿的决策者"

要思考学校组织的存在方式，就必须留意几点上述教师工作特征。

有一位美国的学校组织研究者曾经说过，"教师就是站在最前线的决策者"[4]。教师工作具有很高的独立性，即使新老师经验不足也无法向上司一一请示等待批准再行动。在授课和管理班级的过程中，教师如果面临突发事件就必须在瞬间做出相应判断。在学校这种教育专业机构中，每位教师每天所做的决策都具有重大意义。

在工作中，每位教师所经历的事情不同，其自身所面临的课题也不同。教师面对不同课题采取各种不同应对方法，并在其中的失败或者成功中一点点地成长起来。每位教师都在实践中不断克服困难，并独立承担起工作任务。

但是，这并不意味着教师决策是孤立的。"班级涣散"现象之所以愈演愈烈是因为教师不是独立而是被孤立。每位站在一线作出决定的教师身后都需要该学校的共同教育目标和教职员工间的互助作为坚实后盾。

根据各种调查结果显示，教师认为促进自身作为一名教师成长的重要因素是校内研究培训活动、本校教职员工之间的氛围和人际关系。由此可见，把承担教学和班级管理任务的教师个人课题与和全校共有课题目标结合到一起对于学校组织而言是非常重要的。

4. 关于"有效学校"研究的局限性

制定提高学校教育质量的策略是超越国界的重要社会问题,很多政策的重心则是与教师的个人素质和能力有关。比如说日本于 2009 年实行教员免许状* 更新制度就是一个典型的例子。免许状设定了有效期限,要更新就要参加每十年一次的既定培训,培训由不同大学承担,每位教师自费参加培训。为了提高教师的能力素质而采取这一措施是因为政府相信"教育依赖于教师的个人能力"。

对于这个观点,我们前一章中提到过的"有效学校"研究所列举出来的 5 点要素中并没有包含教师个人能力相关要素,而其中提到的是与学校整体有关的组织要素。从那之后,有关学校改善的国际研究大都关注管理层的有效领导力。

另一方面,当把弱势环境学校的"有效学校"研究成果推广到普通学校的"学校改善"研究上时就会发现,"有效学校"研究存在若干问题,也可以说是"有效学校"研究的研究对象特殊性问题。该研究的研究对象仅限于"地处大城市、有很多贫困家庭出身学生的小学"。基于这个条件,要想产生"效果"就需要一个重要因素,那就是"管理层强有力的领导"。

---

* 译者注:教师资格证。

但是一般来讲,领导力有多种类型和方式,"地处大城市并有很多贫困家庭出身学生的小学"以外的情况应该需要其他领导力方式。

美国学校组织研究专家哈林格·菲利普(Hallinger, P.)和约瑟夫·墨菲(Murphy, J.)对"有效学校"研究的批判给校长领导力方式套上了固定模式[5]。他们指出,在贫困层居多的大城市里的小学要想改善就需要校长发挥强势领导力,但其他学校要建设教师队伍、改善教学活动,需要的领导力很可能是多样化的。每所学校因所处地区环境(是否低收入层聚集区)、孩子们的学力水平、学校种类(是小学还是初中)、教职员工的构成(工作经历的长短)等因素的不同,相应领导力的发挥方式也理应不同。无视了上述条件,就无法探索出合理的校长领导力方式。

1996年作者曾访问过迈阿密大学(美国·佛罗里达州)的杰克·克鲁干(Croghan, J.)教授,他曾经在80年代佛罗里达州进行的校长改革中担任州教育管理审议委员会议长。当我问及佛罗里达州的校长改革背景时,他对我讲道:"我们访问了若干成功的学校,结果发现那些学校里都有发挥领导力的校长。"

杰克·克鲁干教授所讲的"成功学校"到底是怎样的学校?另外,他所提到的"领导力"又是怎样的领导力呢?如果我们要关注校长领导力,那么就需要先讨论"在何种情况下,需要校长发挥怎样的领导力"这个问题。

例如,无论是日本还是美国,小学的规模都比较小,教职员工人数也不多,教师意识不局限于学科教学,往往突破学科界限,共同关注学生成长的课题。但是,在初中和高中,教师的意识和关注点更容易集中在自己所教科目上,大家都各有关注。同时,由于学校规模通常会比较大,所以即使教职员工想明确共同目标也有一定困难。

我们就拿最简单的小学为例,每所学校的学校规模(学生数和教职员工数)、在校学生家庭经济状况、教职员工的工作年限和个性等都因学校不同而各异。另外,每所学校的历史背景以及学校内部的独特文化也有差异。更重要的是,在校学生的实际情况和需求也完全不一样。所以,我们有必要根据以上条件来灵活分析学校到底需要怎样的领导力。

说起"领导力",你也许会想象到上司对下属的命令。确实,在"有效学校"研究的结论中,"强有力的领导力"就比较接近这种形式。但是,最新研究中,大家普遍认为学校领导力的存在方式不应该被固定成这种模型,学校组织有不同于其他组织的特性,所以我们也应该基于这些特征来思考学校的领导力方式。

5. 基于学校组织"不明确性"的再思考

美国组织学者卡尔·维克(Karl E. Weick))就学校组织的特征作了以下说明[6]。

有很多组织都会严密监管组织成员的业务执行状况,具体规定业务内容和处理问题的程序等。以上做法适用于组织成员关系密切、组织成员之间对于所要达成目标有着共同理解并对实现目标的手段也有共同理解的组织。但是,学校组织不同于上述组织。学校组织具有与其他组织不同的特性,例如:①监督和评价范围受限;②教育目标模糊不明确;③组织成员的工作业务范围广泛、所需要的技能不明确而且每个人的业务状态都不一样,等等。

卡尔·维克把不同于其他组织的学校特质用"松散（loose）"一词来形容，意味着组织的"不明确性、宽松性"，即目标不明确、目标以及目标实现方法之间关系不明确、管理层与每位教师以及教师与学生之间关系的不确定性等。从很多层面上来讲学校的构成要素之间都存在着不明确性。例如他所指出的第二项，即教育目标。

某学校的教育目标中写着培养"善于思考的孩子"。也许我们需要明确为了培养"善于思考的孩子"意味着要让学生们具备什么样的素质能力，而要想培养那样的学生又需要采取什么样的教育方法才会有效果等问题，但事实上并没有一个客观的"正确答案"存在。对此，也许很多学校的年级、教科组织乃至学校全体都在为获得共识而努力，但最终所有共识都要回归于站在教室里的每位教师，在教学过程中教师根据个人意识和经验所做出的判断变得至关重要。

另外，就第三项而言，假设教育目标在某种程度上得到了共同认可，但在谈及为了达到目标所需要的有效方法是什么时，也注定无法获得"正解"。只有每位教师掌握了作为学习主体的学生们的实际情况，并根据这些实际情况去思考并行动，才有可能获得"正确答案"。由此可知，每位教师要独自做决定的工作范围很广泛，工作状态也是多样的。

但是卡尔·维克又补充说，即便如此，学校也绝不是没有秩序的。也许看似没有秩序，但其实学校是个"松散的结合体系（loosely coupled system）"[7]。

结合以上结论再来思考，也许我们不可以把学校组织所具有的不确定性和松散性作为"问题"来解决掉，相反，我们要把这两点看作是学校组织的"特征"。

教师每天都必须要面对不确定性和不可预测性，并在教学和指导学生的具体场景下做出各种决定。学校组织之所以能够成功不是因为每一位教师所做出的决定都是零散的，而是被一根具有共通性的线所牵引着而作出的，而这个共通性绝不是管理层至上而下的指示命令所能成就的。

要想思考提高学校组织力的有效策略和领导力方式，就必须考虑学校的以上特征。

注释

1. 笠井惠美「対人サービス職の熟達につながる経験の検討—教師・看護師・客室乗務・保険営業の経験比較—」『Works Review』Vol. 2, 就职研究所研究报告, 第 50—63 页。
2. 笠井惠美「初級者のハードルの高さ、実践の意味の言語化の取組み」『資料集　対人サービス職の熟達につながる経験』就职研究所, 2007 年, 第 6 页。
3. 佐藤学『教師というアポリア』, 世织书房, 1997 年, 第 148—150 页。
4. 滨田博文『「学校の自律性」と校長の新たな役割』, 一艺社, 2007 年, 第 297 页。
5. Hallinger, P. and Murphy, J., Instructional Leadership in the School Context, William Greenfield (ed.), *Instructional Leadership: Concepts, Issues, and Controversies*, Boston: Allyn and Bacon, Inc., pp. 179 - 180.
6. Weick, K. E. Administering Education in Loosely Coupled Schools, *Phi Delta Kappan*, 63(19), 1982, pp. 673 - 676. 详情参见佐古秀一「学校組織に関するルース・カップリング論についての一考察」,『大阪大学人間科学部紀要』, 第 12 卷、第 140 页。
7. Yvonna Sessions Lincoln 编『組織理論のパラダイム革命』, 白桃书房, 1990 年, 第 119 页。

第5章
学校组织文化和教师主动参与

1. 在美国的一所小学里

推开校门扑面而来的"WELCOME"

推开入口处的大门步入校园的瞬间,有几位同行者不由得发出惊叹。直到我们步入学校办公室为止,整个教学楼大厅都洋溢着一团和气。

这是2007年11月我参加日本独立行政法人教师培训中心主办的"教育课题培训指导者海外派遣项目",访问美国佛罗里达州南部的P小学时的情景。此次为期10天的海外教育机构调研结束之后,我们需要提出日本学校改善方案,项目参加者包括现任学校管理人员以及主任层教师。我所参与的是以学校运营和学校评价为主题,由20多名小学、初中、高中和特别支援学校教师组成的小组。

由于长时间的跋涉和时差问题,又加上旅游公司安排不当,我们在住宿方面出现了一些麻烦,那天早上所有小组成员都精疲力尽到了极点。而P小学又是我推荐的一所访问学校,所以我对项目参加者到底会对这所学校抱有怎样的印象特别关注。

也许是出于安全意识,从校外看不到学校内部情况。我们从大巴上下来花费了一些时间才找到校门,但是留下深刻印象的是,当推开校门那一瞬间,我们就感受到了"WELCOME 的气氛"。

在办公室前台的访问者登记簿上写完名字,我们每个人都拿到了分别印有汉字和英语的名牌。受到如此细心的接待,每位访问者的表情都变得柔和了很多。在被带入校长室和副校长室的途中,我们已经开始和校长、副校长交谈。

接下来我们巡视了很多教室,通过同声传译观摩教学。我透过教学楼走廊的宣传物、教室里的装饰物以及教师与学生们的对话和表情感受到,学生们安心学习的气氛包围着整个校园、渗透在每个角落。最后在举行意见交流会的图书馆里,我们发现会议桌上整齐地摆放着给每一位访问者的参考资料。

包括我自己在内,所有访问者都深深地感受到"自己是受到热烈欢迎的","每个人都很被重视"。

"你想让这所学校成为怎样的学校?"

这是笔者第二次访问该校,我曾在 10 年前访问过克尔顿校长以前工作的另一所学校,对于这三次访问我大体都有同样的印象。

意见交流会上,先由校长和副校长对学校作介绍,然后是学校老师与访问者之间的互动。

此次调研的参加者事先都在日本国内接受过培训,了解了要访问国家有关学校运营和学校评价的制度和现状,同时也对调查目的和要提问的问题做过准备。此时,我们按照事先准备的问题由相应的提问者提出,并获得了回答。一般情况下这样的形式之后就会结束交流会,但在 P 小学情况有所不同,有位原本没有被安排提问的参加者举手提问:"我看了整个校园,我感受到无论是走到校长室、办公室、走廊下还是每一间教室,所有地方都有同样的气氛所连接。好像是一种欢迎孩子们,能让他们安心积极学习的氛围。学校到底是怎样使整个学校创造出了这样的氛围呢?"

克尔顿校长听完翻译之后略带羞涩地微笑着看了看旁边的其他几位教职员工,然后很淡定地回答道:"非常感谢,我也特别期望能把我校建设得像您说的那样好,但目前做的还不够。我和副校长会花时间一点一点地与分派到这所学校的教师进行交流,我们交流的主题是:'你想让这所学校成为怎样的学校?为此,你又能做些什么?'其实并不是很快就能达成共识……我们希望把这所学校建设成为每一名来这里工作的教师都愿意工作到退休的学校。"

2. 眼睛无法看到的某种力量

在上一节中所涉及的提问与回答里,我们看到了关于学校改善的几点启示。

第一,校长对于"想让这所学校成为怎样的学校"抱有明确蓝图,并努力通过与每一位教职员工的充分交流使自己的蓝图可以被所有教职员工所共有。"你想让这所学校成为怎样的学校?为此,你又能做些什么"的发问,说明校长并不是单方面传达自己的意图、让教师理解自己的想法,相反,她采取的是围绕学校建设方式的双向沟通。

第二,确定学校建设愿景,"希望把这所学校建设成为每一名赴任教师都愿意干到退休的学校",开展学校经营。这一点与第一点相关。也就是说,每位教师的问题意识与学校的共同课题紧密相连,促进学校蓝图得以实现的实践也能给每一位教师带来成就感。

第三，突破教室、走廊等物理性"墙壁"，促使学校共通性被肉眼所不能观察到的"氛围"维系。在第 3 章的"有效学校"研究里提及过"眼睛看不见的要素"，即"气氛"和"期待"等会给学生的学习质量带来很大影响。本章中的"氛围"是不是也可以用"气氛""期待"来替换呢？

左右教师行动的"组织文化"

访问几所学校之后，也许你就会察觉到每所学校多多少少会有"不同感觉"，当人事变动，你要去其他学校赴任时，肯定也会感受到新学校与前任学校"氛围不同"。不用说校舍位置和走廊宽窄等物理性的差异，往往很多时候你会困惑于用语言所无法表达的直觉上的"不对劲儿"，但是随着时间流逝，那种不自然的感觉会慢慢淡化。

当然上述情况不仅仅限于学校。我们通常认为组织内会形成并传承着组织成员间所共有的、具有该组织原始特性的价值观以及思考—行动模式，而我们会把它称为"组织文化（organizational culture）"。80 年代在企业经营领域，"组织文化"受到很大关注，之后这个词在美国有关学校改善和校长领导力方式的讨论中也成为关键词[1]。目前，在学校管理层和领导层的教师培训项目中，"组织文化"成了必不可少的概念，因此而得到广泛认知。

为什么这样一个既不明确又很难被掌握的"东西"成了关键词呢？

这是因为在组织里组织文化与达到组织目的的活动本质之间存在着密切关系，每个组织所具有的组织文化决定了组织的活动成败。

结合学校问题，我们可以这么来思考。

对于学校组织而言，最重要的活动是在教师与学生之间不断展开的教学—

学习活动。简单地说，活动通常会在作为独立空间的各个教室里进行，所以活动质量在很大程度上受到教师个人教学能力的左右。但是每个单独进行教学工作的教师，其本人价值观和思考行动模式会受到所属学校"组织文化"的制约。包括管理层在内的所有教职员工都会被肉眼所看不见的"组织文化"连接到一起，在每间教室里所开展的教学活动质量也与组织文化形式深深地连接在一起(参见图1)。

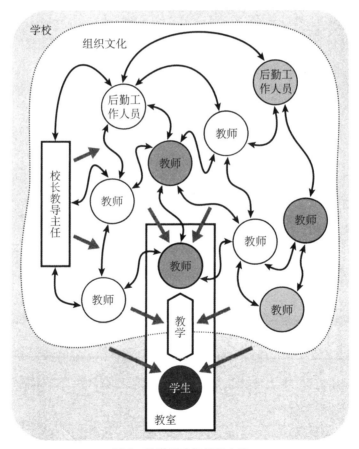

图1　教学活动与组织文化

3. 什么叫"组织文化"

三层构造的"组织文化"

如果说"组织文化"真有如此重要的意义,那么我们就不能简单地把"组织文化"归纳为"肉眼所看不见的东西"。对于"组织文化"的内涵,也许参考美国著名组织学者艾德佳·沙因(Edgar H. Schein)所做出的解释会更有利于我们理解。艾德佳·沙因将组织文化分为三个层次[2]:

第一层是人工制品(Artifacts),即那些外显的文化产品,这些文化产品能够看得见、听得见、摸得着。例如学校组织里的校舍和运动场大小以及设计,教职员工办公室内的办公桌和书架的摆放方式,走廊和教室内的宣传栏,照明强度,服装或者是口头用语等,是任何人都很容易觉察到的。

第二层是信仰与价值(Espoused Values),包括学校教师该是什么形象,学生又该是什么样子,课堂该是什么样子,学生指导又该是什么样子等,是在同一学校教职员工的默认之下被理解、被执行的共同"应该论"。

第三层是组织文化的核心和精华,被称为基本隐性假设与价值(Basic Assumptions and Values),笔者认为也许把它翻译成"基本隐性条件"会更容易理解。这些基本隐性条件存在于组织成员的自然属性、人际关系与活动、现实与事实之中,是成员说话和行动的前提。例如提及学校会说到"该地区是这样的地区"、"来该校上学的孩子是这样的孩子"、"教师的工作是这种工作"等,也可以说这是作为第二层"应该论"之所以形成的基础观念。

这形成了由容易被认知的表层向不容易被认知的深层延伸的层次性构造（参照图2）。

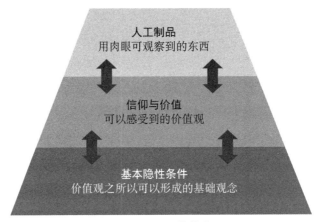

图2 组织文化构造

基本隐性前提的内容对于组织成员而言是出于无意识的，所以很难被观察到；"价值"部分是每一位教师口中所说的教育理念和方针，或者是作为目标内容和日常行为等比较容易表现出来的，但是通常也很难被意识到；最容易看到的是"人工制品"，但其所蕴含的深意却不易被理解。更重要的是，这三个层次在构造上是相互连接的，而表面所呈现出来的"人工制品"仅仅是冰山一角，在其深层则是早已在组织成员头脑中生根的不被意识到的价值观、信仰、观念等。

"有效学校"研究证明，当教职员工之间达成了对孩子高期待的共识后，就会左右教师们的行为、姿态，甚至是学校教育成果。对于孩子的高期待是指"这个学校的所有学生，每一个人都能行"。以此为基础，学校内部就充满了"给那样的学生们上课该怎样去上，教师该是什么形象"的"价值观"。

改变学校的方法是重塑"组织文化"

在此,我们还是把话题转回 P 小学。

我们这些访问者在参观了走廊、教室的同时,从"人工制品"层次感受到了整个学校洋溢着共同的气氛。在讨论会上提问者感受到在"人工制品"的深层隐藏着有可能左右该校教学活动质量的东西,于是发问,而校长所给出的回答是关于"价值"部分每天有意识地与教职员工进行交流和教职员工分享"我们所期待的东西"。

即校长对该校被期待的组织文化进行了有意图的经营*。我们所感受到的"氛围"不是自然生成,而是被积极塑造出来的"组织文化"的一部分。可以说变革学校也包含了组织成员自身积极塑造组织文化的行为。

4. 区分"组织文化"和"教师文化""学校文化"

与"教师文化"的不同

一般来说,当我们在说明学校和教师情况的时候会用到"文化"[3] 一词,而当我们要说明学校教育现状和教师所处环境及其背景时,常会使用"教师文化(教员文化)"一词。

---

* 译者注:重塑。

例如,"因为教师有为了学生的教育不局限于上班时间进行工作的教师文化,所以教师常常处于繁忙状态","由于日本学校具有棒打出头鸟的教师文化,所以教师间开展有特色教育实践的行为受到压制",等等。

"教师文化"是从事教职行业的人有意识或者无意识共享的思考—行动模式和规范意识的总称,是指超越地区和学校差异,凡从事教育工作的人都具有的共同想法和行动方式的特征。"教师文化"往往只是为了说明类似于"所谓教师(学校)是这样的。之所以这么讲是因为有×××的教师文化"的情景概念。

同时,如果把决定学校现状的要素扩大成教师职业的整体特征,那么教师就很难再找到可以凭借自身能力解决问题、进行改善的方向性。为什么这么说呢?是因为很多情况下"教师文化"都是在很多社会因素的制约下而形成的,教师和学校都属于被动接受方。

另一方面,"有效学校"研究所面对的学校不同,那么教学活动也不同的确属实。其中与组织文化相关的部分指教师等学校组织成员的决定和行动方式被每所学校共通的固有文化所制约,即组织文化是制约学校教学成果的主要原因。

不过,如果单纯这样思考的话,"组织文化"和"教师文化"似乎没有太大区别。比如有人就会说"这所学校是这样的。为什么呢?原因是学校有×××的组织文化"。

不同的是"组织文化"因学校而异,既然"组织文化"是通过教师等组织成员之间相互作用而产生的,那么我们就可以认为"组织文化能够随着组织成员的想法和行为而改变",因而"通过改变组织文化来改善学校就是可能的"。这样,我们就可以抱有"怎样做才能变革组织文化"的课题意识。如前所述,既然"组织文化"是由几个要素构成,那么改善学校也就成了运用一些方法来变革一部分"组织文化"要素的过程。

与"学校文化"的不同

很多时候,我们还会把"学校文化(school culture)"当做"组织文化"来使用,但是在本书中我们避免使用"学校文化"一词,其原因有如下两点:

第一是"学校文化"一词涵盖了前面所提到的"教师文化",并且在很多情况下被作为更为宽范的概念来使用。因此,"学校文化"泛指在近代社会所创造出的"学校"制度之下教职员工和学生们所共有的、传承的所有知识与规范,思考和行动模式等。事实上学校文化的这种宽泛性意义与本书所提倡的要着眼于每一所学校的不同点是相悖的。

第二是因为"学校文化"一词很有可能阻碍本书所要实现的目的,即关注每所学校独特的组织作用。

志水宏吉倡导"有力量的学校",并把"有力量的学校"特征总结为8条,他在第8条中列举了"学校文化"并将其解释为"相当于校车外观"[4]。但是,如果真是把"学校文化"作为"外观"来对待的话,那么我们就很难想象出前面图1和图2中所显示的"学校文化"与教师教学实践以及学生们学习质量之间的关系。

组织文化的含义绝不应该仅仅停留在校车车身颜色的"外观"层面,而应作为决定学校成绩的重要因素被置于核心地位。它是从根本上支撑各所学校的组织力、决定每位教师教育实践的重要内在条件。因此,要想提高组织力、改善学校,就必须从改变组织文化形成要素的环节下手,以此改变组织文化。

5. 学校组织是"锅盖型"的吗

除了管理层以外"大家都处于同一条线上"吗？

　　组织会因为观察角度不同而呈现出不同侧面。

　　当我们要有组织地推行某项活动的时候，很多人为了更合理高效地工作，会明确每个组织成员的角色和职务内容，即明确权限责任"构造"。为了实现在第4章中所描绘的"秩序井然"状态，最便捷的方法就是打造出由组织上层所做出的决定能够迅速传达给组织内部全体成员，并且要确保绝对不受干扰得以完全实施的纵向权利关系。

　　但是，从这个角度来分析学校组织的时候，会发现学校并非如此。学校组织里除了个别管理职位以外，其他教师的权限和责任基本上都是相同的，可以理解为大家都处于同一条线上，很多人都将这种组织形式比喻为"锅盖型"*。

　　"锅盖"其实就是汉字中的"冖"，从字型上来看也可以说是"镇纸"型组织。因此，在学校组织中，管理层的意思很难顺利地传达到普通职员的耳朵里，组织活动也很难具有高效性和灵活性。从这个角度出发，有些人认为为了促使学校作为组织运转，就必须让学校组织里形成更多带有层次性的权限。

　　如果我们从制度上的权限和责任上来看，的确，因为教职员工之间不是上下级关系，所以"大家都处于同一条线上"这一说法并无错误。但是，对于每天

---

* 译者注：扁平型组织。

在学校从事教育活动的教职员工而言,除了管理层以外"所有人都处于同一条线上"的看法真的可以被接受吗?"锅盖"这一比喻真的言中学校组织特征了吗?对于现实社会中的学校组织,这一比喻是不是过于单纯?

这也是在第 4 章中所讲到的,教师工作具有高度独立性。因此,管理层要想监督/评价每一位教师的工作实况是相当困难的。另一方面,也很难说一般教师之间就像是在"同一条线上"相互连接,干着自己每天的工作。

应该追问的是教职员工之间的关系

大约 10 年前的一次"班级涣散"事件调查,该调查所呈现出事件原委说明了上述问题。

某小学一个年级只有一个班级,整所学校一共有 6 个班级,有一年,1 年级班级的整个学年都陷入"班级涣散"状态。上课时,学生们依然在教室里随便走动,其他班级的班主任老师隔着玻璃窗可以看到那个班级的学生们根本不听从该班班主任的指示,当事班主任也经常在办公室里抱怨学生们不听话。但是,其他班主任只是皱着眉头听一听他的抱怨而已,并没有要积极协助那位老师重建教室内的秩序以及重新组织授课的意愿。

笔者认为现代学校必须要针对本校实际问题开展创新型教育活动,并持续不断地进行改善。前面的章节里也提到了,如果这一系列的工作仅仅通过一名教师来完成的话是极其困难的。因此,学校里的所有成员,即全体教职员工之间都需要确认本校教育课题,并对所要实现的目标达成共识。

但是,从上面的实例中我们可以看出,要想达成共识,至关重要的是教职员工之间的关系,而在这个关系里却隐藏着重大问题。即使管理层描绘出了明确的蓝图并作出指示,同时学校里也设有主管教谕这样的中间管理层,但是这也没有办法保证进行教育实践的教师之间能够建立有效的沟通。对于教师很容易陷入"孤立状态"的现实情况,如果不冷静地去对待就无法推进学校改善。

换个角度,我们想象一下"锅盖",再来思考这个问题。

如果是锅盖的话,我们只要抓住提钮就能很容易地把整个锅盖提起,很简单,提钮是在锅盖正中间,而锅盖的平面部分是坚硬的组合在一起。如果把学校组织比喻成"锅盖型"的话,那么管理职位(即提钮)和其他教职员工(即锅盖面)之间必须是明确的阶层构造,由上至下的旨意传达必须是畅通的,组织活动也必须是一体化的。

显然,实际中的学校组织并不是那样。

在学校里,管理职并不是自动处于学校的中心位置。管理职人员往往要比其他教职员工赴任晚,但管理职位上的人却比其他老师更快地调离原岗位。

另外,包括管理层在内,教师之间的沟通联系方法通常都不一样。有些老师之间的关系非常紧密,会就共同的课题达成共识、相互交流意见,而有些老师之间在学生以及课堂情况等问题上基本没有交流。

也就是说,学校组织成员之间的关系有疏有松,有强有弱,各不相同是常态,反倒是一部分老师向着一个方向前进,学校整体都跟随其后向同一个方向跟进的情况是比较罕见的。

即使是管理层拥有强权并承担明确责任的情况下,如果强行推进的话也有可能导致组织关系的断裂。更糟糕的是,在那种状态中,即使是没有有效的意思沟通,一旦开始上课,而课堂成为每位老师自己的地盘,就会导致无论课堂是什么样子表面上大都可以维持下去的情况出现。

从这个角度来思考,我们就可以看出,把焦点置于管理层和其他教职员工之间制度上的关系而得出的"锅盖"比喻,根本没有真正体现出学校组织的实际情况。

6. 作为"网络型"组织的学校

如何促进学校教职员工齐心协力推进学校改善

要思考这个问题,关注教职员工之间的横向关系远比注重管理层与教职员工之间的上下级关系重要得多。

学校组织更接近于"网络型(蜘蛛网型)",而不是"锅盖型"。

学校组织的存在意义被每一位教师的教育活动所左右,教育活动其实是每一位教师根据自己的课题意识和价值标准作出意思决策后开展的。即使是把组织权限和责任层次化,无法将教育活动的本质通过由上而下的旨意传达来控制。因为教师每天都处在与孩子们的复杂多样的相互作用之中,教师们作为"最前线的意思决策者",面对着各种不确定性开展工作。

鉴于以上教师职务的特征,我认为要想在组织内部对目标和课题达成共识,就必须要促进教师之间就教师每个人所面临的课题和在教育实践中所遇到的问题进行相互交流。在此,关键是建立沟通交流网而不是"由上至下"或者是"自下而上"的渠道。教职员工之间是双方向/多渠道的联系,沟通交流的前提条件是以教育活动为主题,这样才可能有助于对学校目标达成共识,促进一体化组织活动的维持和开展。

综上所述,我们可以将学校组织特征归纳为图3。图3所描绘的形象还有不足之处，但是作者认为今后很有必要把学校组织看作是"网络型"组织。

图3中的〇表示教职员工，箭头是指教职员工之间的相互连接沟通关系。带阴影的〇表示教职员工中具有领导地位的人。

每位教师的教育活动都是依据其本人的课题意识展开，这些教育活动之间有着多样的相互交织关系，连接方式未必是在"一条横线上"，由于各种原因，连接也有可能会出现断裂，同时，每个〇处都在进行着关乎教学活动质量的重要决策。

要注意的是，忽视每一个成员的意识要强行制造出一个中心点的行为未必会成功，运用权力将重心向某一个方向硬拉的时候往往会事与愿违，甚至是破坏原有关系和沟通渠道。学校组织就是具有这种特性的组织。

当然，也不是说"每位教师都完全自由行动就可以"。与刻意创造出每位成员都要时刻意识到的安定"中心"状态相比，保障各种意思决策具有相对整合性更为重要。处于中心点的阴影〇当然是校长的位置，但也不是说只要校长自己拥有教育理念、描绘教育蓝图就足够。

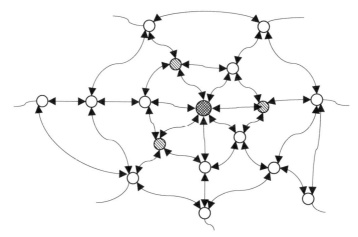

图3 "网络型"学校组织

7. 教师主动参与决定了学校的组织文化

学校"共同愿景"是指什么?

用"组织文化"概念来回答这个问题就是教职员工所共有的"基本前提"与"价值"和校长本人自己所持有的"基本前提"与"价值"的内容相同,当教师认为学校的存在方式和自己的教学活动观念具有一定统一性时,那么基本上拥有中心点的"蜘蛛网"就基本被创造出来了。

美国组织学者彼得·圣洁(Senge, P.)提出了"共同愿景(shared vision)"概念,在此我们以其为参考。

他把组织的"一个目的地"和"期待的未来蓝图"用"愿景(vision)"一词来表达[5],并说明在组织成员之间共享愿景的重要性。"共同愿景是对'我们想要创造出什么'的回答。就像个人愿景是每个人在头脑中所描绘的蓝图和愿望一样,共同愿景是组织中所有人都共同拥有的愿望"[6]。对于圣洁的组织理论,我会在第10章中再做详细讨论。

前文已经做过反复阐述,学校组织中每位教师的独立性都很高,所以在学校里相对语言描述上的组织目标而言,要真正达成共识、确定共同理解实属不易。同时,更为重要的是,教学活动改善还要基于教师的专业性之上以保障他们的独立自主。因此,每位教师拥有怎样的个人愿景,它们之间又是怎样关联的,这一切决定着学校组织整体的成绩。我们必须理解,只有"组织中所有成员的个人愿景"能够相互连接沟通的时候,"共同愿景"才能诞生。

每所公立学校都有其各自主张的学校教育目标,私立学校则都有其所传承的建校理念和作为学校根基的教育目标,但是上述目标和理念未必与每一位教师在日常教学中所形成的问题意识以及所遇到的教学实践相吻合。每间教室里每天都会出现各种各样与孩子们息息相关、与各种问题意识也有关的教学实践活动。我们可以看出在这种情况下,共同愿景的终端并不一定体现既定的学校教育目标和建校理念,也不一定就是校长个人教育信条。

当教职员工所共有的问题意识与学校教育目标或建校理念等有机结合时,共同愿景才真正形成。

共同愿景的发源地和创始人并不重要,最重要的是共同愿景要与更多教职员工所持愿景相融通才能成为真正意义的共同愿景。所以,圣洁指出"对于处在领导角色的人而言,最重要的是要铭记自己的愿景也不过是个人愿景"[7]。

"教师主动参与"的重要性

要促使共同愿景形成,重要的一点是每一位教师的"主动参与（empowerment）"。

最近,在讨论改善组织活动的时候经常会用到"主动参与"这个词。其实"power"一词是力量的意思,也有"权限"和"权力"的意思。"empower"是"power"的动词形,通常字典注释为"赋予权限（权力）,移交权力,委任权限"（小稻义男《新英和大辞典（第5版）》研究社,1980年）。但是最近的组织论中所使用的"empowerment"却具有不同含义。"power"是指对自己的行动能力和可能性有信心和把握,或是译为自我肯定等,即更加注重人的内在力量。因此,"教师empowerment"并不是指制度层面等外在的、形式层面上的赋予教师权力,其重要意义在于使每一位教师都对自己能够主动参与改善教学活动质量有足够自信,并获得自我肯定感[8]。换言之,就是创造出让每一位教师都处在"拥有自己的问题意识和见解来处理问题的话,一定可以成功"的积极心态的环境当中。

　　教师参与学校"共同愿景"的形成过程促使教师主动参与。教师参与学校自我评价,作为分管负责人参与到企划策案中,或者在校本培训中起到带头作用等等都会促使教师主动参与。另外,如果教师在教学实践中切实体会到自己的工作促进了学生的成长和改变,这将极大地促进教师的积极主动参与。而教师之间相互确认工作,从而激发彼此迈向下一个台阶的则是沟通交流。最终被带动起来的教师们为了解决学校问题,创造出更多样的沟通交流方式,在这些沟通交流中打造学校组织文化,提高学校组织力,这也是变革学校的根本动力所在。

注释

1. 参考滨田博文『「学校の自律性」と校長の新たな役割』,一艺社,2007 年。
2. 爱德佳·沙因著、清水·浜田译『組織文化とリーダーシップ』,钻石出版社,1989 年,第 19—27 页。
3. 有关讨论内容在今津孝次郎著『変動社会の教師教育』(1996 年,名古屋大学出版会)一书中有详细介绍。
4. 志水宏吉编著『「力のある学校」の探究』,大阪大学出版会,2009 年,第 80 页。
5. 守部信之他译『最強組織の法則』,德间书店,1995 年,第 177 页。
6. 同上,225 页。
7. 同上,237 页。
8. 同上滨田博文著书,第 299—300 页。

第三部分　变革学校的实际过程

第6章
重构教师自律与协作——中津小学的改革

1. 中津小学概况

2003年至2006年的四年间,中津小学激活了校本培训,并使所有教职工形成了共同的学校发展愿景。这所学校临海而立,所在市区的人口数量约为20万,二战之后不久便从其他学校中独立建校。中津市从昭和30年(1955年)开始便作为大城市的卫星城而得到迅速发展,人口持续增加。但是由于中津地区自古以来渔业发达,至今仍保留着古朴的民风,尤其是年龄稍长的居民,对于地区联系和学校教育有着深厚的感情。相比市内其他地区,中津地区内三世同堂的家庭所占比例也较高,从其他学校调动到中津小学的教师们也都认为这一地区的家庭氛围和睦,孩子们也天真纯朴。截至2008年,该校的学生数量为530人,每个年级3个班级,共有教职工33人(其中教师22人),不存在出于心理抵触而拒绝上学的学生。

2003年,小森优子校长赴任该校,刚一上任便强烈地感受到了当地居民对学校的爱意,但她同时也察觉到,该校的校本培训名存实亡,教职工也无意于针对学校存在的问题进行教学改善活动。小森校长没有在附近学校任职的经历,对于这个地区并不熟悉,在校内也没有知心朋友。在退休之后她曾谈及,因为这里旧观念依然残留,所以在上任之初参加地区自治会时,曾由于自己的女性身份而遭受冷遇。

2003年6月笔者初访中津小学,在与小森校长交谈时,从她的言语神情之中便能感受到这位校长的忧虑。她困惑于学校现状,也没有把握能得到地区居民的信赖。同时,笔者也感受到她的决心,即希望以马上要开展的市教育委员会指定教学研究校为契机,改变这所学校的现状。

从那以后的四年之间,这所学校发生了翻天覆地的变化。

在教育委员会教学研究指定实施阶段(2004—2005年)结束后的第二年,中津学校非但没有停止校本培训,还将一年15次左右的校内研修会定期化,在举办教师公开课及课后研讨的同时召开数次教职员工作坊(workshop)。2006年底小森校长退休后,该校仍然保持了这种形式的校本培训。从2007年开始,每个教师都设定了个人研究主题。

2006—2007年之间,中津小学形成了固定的校本培训模式。该模式以"雀跃着——让人每天都乐于置身其中的中津小学"为总主题,并由以下三个要素组成:

首先是进行头脑风暴的工作坊。这个方法来自新潟县上越市立高志小学的"高志模式"[1],经过改造被用于中津小学。具体操作是包括校长、教导主任、保育教师、营养师在内的所有教职工,定期将自身的教育实践撰写为报告提交,然后全体教职工以印刷、分发的报告为基础,进行小组自由讨论。

其次是公开课研讨会。每年每位教师进行一次公开课,课后由全体教师共同举办研讨会进行讨论。在每次举办研讨会的日子,都会有2—3位教师进行公开授课。

第三是根据实际情况邀请外部讲师,吸收专业知识与信息。

工作坊与公开课研讨会一同构成了每年15次左右的校内研修会制度。中津小学究竟经历了怎样的过程才得以形成这一模式的呢?在本章中,笔者将以自己持续不断的参与式观察、收集的资料、以及对小森校长和其他7名教师的访谈为中心,勾勒出这一历程。

2. 2003 年时的中津小学

一直以来,中津小学的教职工间都是一团和气,如果有人提议"来大扫除吧",周围的人就会立马响应并迅速地一起完成工作,同事间友好和睦——这是所有任职该校的教职工的共同印象。老教师渡边老师表示,刚刚到任中津小学时,感觉到"这所学校能够让人愉悦地进行工作",很快就适应了新的环境。

但是,对于改善教学实践的活动,尤其是校本培训,老师们的态度并不一致,在 2003 年之前就任职该校的教师们纷纷对当时校本培训的状况表示否定。泷泽老师是从 2000 年开始任职该校的,她表示,当时校内并不开展公开课研讨会,自己也从未举办过公开课。

上文提及的渡边老师在被聘任为该校的老师之前,曾在其他地方的学校工作过十年,后来才调到了中津小学。渡边老师认为,市内小学进行的教学研究都大同小异,学校在被市教育委员会指定为教学研究校的两年里会举办几次研讨会,但是两年一过,政策结束,大家又会回到没有教学研究的日常中。另外,据泷泽老师所言,这一地区的教师并不推崇教学至上,因此对改善教学、进行教学研究等活动会有抵触情绪。

2003 年 11 月,受举办公开课的相川老师热情邀请,笔者初次参观中津小学公开课研讨会。相川老师给 4 年级的学生上了一节数学课,仔细研究了教材,课上又让孩子们互相提问、互相交流。这种基于互动的教学过程,真是值得一看。针对这样的课,教师们会在教学反思会上进行怎样的讨论呢?课后,笔者满怀期待地回到了校长办公室,但令我吃惊的是,学校根本就没有打算召开教学反思会,参观了公开课的教师们只是将自己在课上的感受写在小纸条上,进行简单的评价,然后交给培训主任便草草了事。

相川老师是在2002年调动到中津小学的,当时他觉得学校的风气"真是糟糕啊",他感到,如果自己的课不向其他老师公开,那么自己在教学上是无法成长的。他有一种莫名的危机感,因此在2003年培训主任三村老师提出进行课堂研究时,他立刻应声支持。但是对于热情饱满的相川老师来讲,举行了公开课却不进行回顾总结,实在太遗憾了。

2003年召开了公开授课的老师,包括相川老师在内共有3人。他们是受三村主任的指定,各自负责了低学年、中学年和高学年的公开课。三村老师是2002年开始担任培训主任的,由于学校会在2004—2005年间成为市教育委员会的教学研究指定校,所以他迫于压力开始摸索进行校本培训的方法。当时还没有明确计划的三村老师的想法是,无论如何每年先举行三次公开课,至少可以将此作为校本培训的第一阶段。

三村老师与小森校长是同龄人,性格略偏向研究者,不喜欢"被他人强制要求",因此,对于市里要求进行的校本培训,他并不希望只是做做样子,以"勉勉强强的校本培训"形式草草落幕。小森校长正是看中了他对改善教学的热情以及其他教职工对他的敬仰之情,才决定让三村老师成为校本培训改革的核心人物,以顺利推动此次校本培训改革。

3. 带来改善的校本培训体系

校本培训体系概要

直接促使教职员的意识与行为发生改变的动因是中津小学慢慢形成的校本培训体系。其概要如图 4 所示。

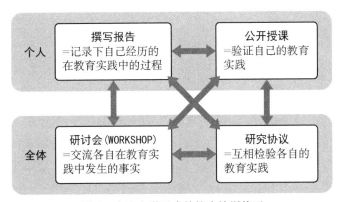

图 4 中津小学形成的校本培训体系

包括校长、教务主任在内,全员都要撰写报告,原则上是一张 A4 纸的分量,但是也有老师提交的报告超过规定分量。报告的内容、形式自由,只要是基于研究的总主题"雀跃着——让人每天都乐于置身其中的中津小学"的教学实践,都可以写进报告中。在进行工作坊之前提交报告,印刷、装订之后分发给全体教职工。大家在阅读了报告之后参加工作坊,会上随机分组,每组 4—5 人进行小组讨论,针对大家的教学实践自由地进行意见交流。

举办工作坊的次数,2003年为2次、2004年为5次、2005年为5次、2006年为4次、2007年为4次(2006年与2007年每个人交了2次报告),2008年计划开展3次(每个人交3次报告)。

另一方面,所有老师一年内进行1次公开授课。在同一日期的不同时间段,由2—3名教师开展公开课,待孩子们放学后,老师们集中召开两小时的回顾总结会议。公开课的科目由开课老师自由选定,但是在开课之前要事先分发教案,当然,不必事先与其他教师探讨教案是否可行。

如上所述,个人层面上的工作是提交报告与开展公开课,学校层面上的工作是举办工作坊与课堂研讨协议会。两个层面相互配合,一年内进行15天左右的校本培训。

校本培训体系对中津小学的变化所发挥的作用

◆ 撰写报告与召开工作坊

这种令人耳目一新的培训方式是三村主任参考新潟县上越市立高志小学的培训方式,即"高志模式"而建立的,但是实施之初,教师们不知道如何撰写报告,对于校本培训有抵触情绪。

三村主任呼吁大家不必太过纠结,只要是与日常生活中自己的教学实践相关的问题,都可以写进报告。但是大家还是不明白究竟要写些什么,实际上,提交上来的报告中,也有不少不像样的。

随着提交次数的增加,渐渐地产生了一些变化,教师们开始通过报告内容互相学习,甚至从其他教师报告里提及的实践与想法中受到启发,在下次提交报告时进行相应的修改。正如学者上原进[2]所总结的那样:"教师撰写报告来自我评价"与"工作坊可促进教职工相互启迪"的效果在中津小学得到了印证。

撰写报告能够让教师明确教学中存在的问题，促进他们对自己的教学实践进行自我评价。比如说，负责一年级教学的渡边老师在撰写报告之际，针对无论怎么指导都无法掌握平假名的书写、也得不到家长协助的孩子这一问题进行了分析与反思，她将自己在教学中遇到的问题具体化，并记录下了相应的教学方法与成果。在召开工作坊时，老师们对她提出的方法进行进一步探讨。对此，渡边老师说道：

> 最初，我只是将孩子们的实践写进了报告，比如"这样做的话，会产生这样的效果"之类的，但是正如"在意想不到的地方得到启发"所言，在撰写报告时进行的学期回顾使我对自身存在的教学问题突然有了清晰的认识。在接下来的教学活动中，我会集中精力解决自己的教学问题，然后在下一次撰写报告时再次回顾。也就是说，在撰写报告的同时，也决定了我下一学期的教学方案。果不其然，按照构思出来的方法，一个学生顺利地学会了平假名的书写。"好棒！只要能指出要点孩子们就能够迅速地掌握"——意识到这一点时，我第一次感受到了惊喜。……工作坊给我提供了一个契机，让我思考上课的手段，让我询问孩子们的想法，让我意识到一对一指导的重要性，让我对每一件事进行了回顾反思。

另外，工作坊也给认识孩子们的现状、交流和分享教学实践中的问题意识以及主意创造了的机会。即将退休的河田老师曾说道：

> 在参加工作坊时，我可以了解到原来这位老师是把这件事情当作了研究主题，那我就能够与这位老师就接下来的工作开展合作，并真的践

行。……能够通过阅读报告了解到其他老师的想法,真的是件很好的事情。

通过撰写报告与定期召开工作坊,教师试图逃避公开授课和课后研讨会的想法渐渐淡化。另外,以工作坊为契机,出现了将个人层面的实践与经验进行相互交流的趋势。

◆ 全体教师进行公开授课

除此之外,全体教师进行的公开授课也是中津小学校本培训中不可或缺的一部分。泷泽老师说道:"工作坊与公开授课双管齐下才能发挥效应"。虽然报告与公开授课的内容由教师本人自由决定,但是报告的内容、公开授课的内容、研究研讨会上探讨的内容"并不是毫无关系的,渐渐地它们开始融合,形成一个整体。"

另外,渡边老师认为,正是工作坊使得参观公开课的人能够理解该教师的授课方式,工作坊与公开授课是紧密相连的。"啊,原来这位老师是出于这种想法才这样授课的啊。"在进行公开授课之前,通过报告与工作坊,可以掌握该班级的实际状况,并知道该教师在教学实践中存在的问题,达成一定的共识。参加公开课的老师带着这种共识来观摩课堂,参加研讨会。上文图4揭示出这些环节的相互关系。

综上所述,在对课堂研究抱有强烈抵触感的中津小学中,全员开展公开授课是十分重要的改善要素。在泛泛而谈的总主题之外,不指定共同的研究课题,而是让全体教师针对自身存在的教学问题,开展公开授课,这种背景下展开的公开课就成了体现教师自身问题意识与解决方法的写照。那也是对要进行自主授课的教师所施加的一种压力。关于这一点,渡边老师如是说:

> 自己去发现自己的研究课题,真的很有压力。……这真的非常艰辛。但是这种艰辛是伴随着幸福感的。……因为我们没有办法推卸责任。无处可逃真是辛苦啊。

◆ 从各自的实践中发现共通课题

随着诸如此类的校本培训的多次开展,在各自的实践中共通的课题渐渐浮出水面。在被指定为教学研究校一年后的2005年2月,该校在研究总主题之下添加了副标题:"追求注重关联性的学习"。此后,"关联性"一词在大家撰写的报告、围绕报告开展的工作坊、备课时产生的问题意识、课堂研究的研习会等各种各样的场合出现,渐渐地成为了各位教师的关注焦点之一。

关于这一点,木下老师、相川老师、三村老师分别如是说:

> 在各科(的课上或报告)中都出现了"关联性"一词,通过公开课,(研究主题)进一步具体化到了孩子们之间、教师、教材等等所有的"关联性"中。(木下老师)
>
> 有趣的是,围绕"关联性"的话题渐渐地多了起来。相川老师说:"大家的报告里,自然而然地出现了(关联性一词)。"想想确实如此。"关联性"的确频频出现,大家都成了研究主体。(相川老师)
>
> (虽然刚开始大家并没有想要达成共识,但是明显出现变化的是)在《追求注重关联性的学习》这一标题中出现了关键词。在此之前大家"无论采取何种看法都是可以的",但是在"关联性"一词上,大家找到了焦点的重合。……"要重视关联性"是我们自己发现的,这意义重大。(三村老师)

不论是对于市教育委员会的教学研究校指定工作,还是对于后来的培训制度化而言,经过这个过程并设定副标题一事都具有重要的意义。通过校本培训,"大家共同发现"了校内的共通课题,使得所有人对共同合作的回顾与对个人自身实践的回顾得以衔接。

4. 校本培训体系制度化的契机与过程

以上介绍的校本培训体系及其效果与上原氏等人介绍过的高志小学大同小异,但是,校本培训体系原本脆弱的中津小学究竟是经过了怎样的过程使得这一体系得以导入并制度化的呢?在此,培训主任与老教师发挥了重要的作用。同时,校长的想法与行动也十分重要。接下来笔者将对这两方面的作用进行分析。

初始阶段教师们的反对与不配合

引进"高志模式"是三村老师在面对强烈主张为改善教学而推行校本培训的小森校长时,从熟人那里收集相关信息之后又参考杂志文章想出来的,此后三村老师便向小森校长提议实行。三村老师希望教师们能够互相交流内心的真实想法,能够根据自己的教学问题进行教学改善,并将这种培训活动制度化。但是,这还只是一个模糊的想法,当时还处于"边做边思考下一步"的状态。

对于这种培训的开展方式,渡边老师十分反感。渡边老师从教十年,在其他学校任职时进行的校本培训一般都是"自上而下"规规矩矩开展的,因此在进行培训时,她从未想过要将自己"赤裸裸地展示"给大家。其他老师对于校本培训的印象也相差无几,正因如此,最初对于这种校本培训的反对相当激烈。

对于想要改善教学活动的小森校长而言,她最不希望校本培训被办成"自上而下"的形式,因此她尊重三村老师的提议,但还是对充满未知的前景忧心忡忡。

校本培训制度化的重要契机——外出考察

◆ **在现场参观受到的震撼**

改变这种情况的一个重要契机是 2003 年 12 月上旬,三村老师、木下老师和泷泽老师 3 人对高志小学的共同参观。而 3 位教师之所以能一起出差,全靠小森校长的努力与推动。

对推动培训开展焦虑不安的小森校长首先询问三村老师是否愿意去高志小学实地考察,回来后将所见所闻分享给同事。接着,小森校长从培训委员中选择了两位老师,通过市教育委员会向县* 教育事务所提交了出差申请。但是,同一个学校的 3 名老师同时到县外的同一所学校出差的申请是无法一下子就获得批准的。小森校长特意打电话到县里,诚心诚意恳请县教育事务所,表示"这件事情很可能决定我校未来校本培训的走向,请一定要批准我们的申请",这才得到许可。"没有接触到新的事物就不会受到刺激,一定要想办法让老师们受刺激",抱着这一想法,小森校长竭尽全力推动审批的通过。

参观了高志小学的三位老师,受到了巨大的震撼。

> 当亲眼看见培训活动时,我觉得"太棒了,竟然能做到这种程度"。感受到了巨大的魅力。(老师们)似乎也对培训活动乐在其中。(木下老师)

---

* 译者注:相当于中国的省级行政单位。

刚开始觉得他们的教学也很一般嘛,但是后来发现孩子们注意力十分集中,师生之间的关系也分外亲密。比如说,我参观的是三年级的班级,在教室后方放着孩子们从一年级开始写的作文集。我觉得这样很好啊,比起做相册,这种形式要珍贵得多。(回到学校后)我也想向大家介绍这一点。只有实际到了现场,才能注意到这些细节,然后传达给大家。(泷泽老师)

高志小学的教师们给我的印象是大家都很开朗阳光。大家呼啦啦地聚集在一起,20分钟左右就完成了工作坊。大家迅速地集合,迅速地进行讨论,然后迅速地结束……我觉得特别新鲜。(三村老师)

在回校的电车上,三人都处于兴奋状态,他们不停地说,如果能够在中津小学引进这种模式,肯定会取得很好的效果。其实,市面上已经有很多的文献和小册子对作为研究开发试点学校的高志小学模式进行了介绍,但是亲身参观所产生的震撼感,是这些文献所远不能及的。通过这次实地考察,他们真真切切把从教职工、儿童、日常的教学活动等等中所散发出来的学校整体氛围,与传说中的"高志模式"培训融合到了一起。

◆ 3人考察团带来的效果

2003年12月的校本培训研讨会上,在开展工作坊后,3位教师作了考察汇报。

笔者当时也在场,听闻他们要汇报视察时的见闻,内心满怀期待。但是3人各自提交了一张A4纸的报告,由三村老师作为代表进行了几分钟的汇报后,结果却是几乎无人提问,会议就这么冷淡收场了。

虽然在提交的报告中表达了三人希望中津小学也能学习高志小学的模式开展培训,但是与报告内容相比较,三人的表情都十分平淡。实际上,在中津小学任职了好几年的泷泽老师心里很清楚,要让大家一起开展一项新的培训活动并非易事。因此,她表示:"即使现在进行详细说明也无济于事,他们不会理解我们的这份感动的。只要真正开展活动那么一定会发生变化,不论是一年以后还是两年以后……"

其实当时的情况下,想从正面直接推动校本培训是会有一定难度的。三位老师异口同声地表示,如果去视察的只有一两位老师,可能此后就会不了了之了,但是有三位老师同心协力,苦口婆心地在日常相处中向其他老师传达共享教学实践的重要性,那么随着时间的流逝,慢慢地就会见效了。

没有参与视察的渡边老师表示,分别从木下老师和泷泽老师那儿听说高志小学的培训"十分辛苦",但是"辛苦的成果会立刻在孩子们身上体现出来真好。""两位老师性格迥异,但是都对教育充满激情。当我听到作为教学第一线的两位老师说出'很开心哦'的话时,我觉得仅仅是短暂的参观,高志模式就能给人如此大的震撼,真是太厉害了。"

2003年度即将落下帷幕,工作坊与课堂研究都只进行了一次,但是从第二年的2004年度开始,图4所示的校本培训方式便固定下来了。

为促进"学校共同愿景"形成的讨论与校本培训的结合

但是,仅仅是考察这一表面形式的活动还不足以揭示校内发生变化的原因。纵观这四年的发展历程,我们可以发现,将校本培训体系与"学校共同愿景"相结合所产生的效果对于组织体制的维持十分重要,而组织体制构成了学校改善的根基。

如上所述,小森校长在2003年4月上任时,不论是在地区上还是学校内都没有一个知心朋友。当时教职工们给她的印象是"大家都互不关心",上任首日召开的职员会议上出示的《学校经营方针》也只写着前任校长留下的《本年度工作重点》之"重视倾听"一项条目。小森校长认为即使告诉大家自己"想要这样做、想要那样做","大家也只是左耳朵进,右耳朵出"。究竟该怎样做才能够提供更高品质的教学呢？当时小森校长一个人绞尽脑汁冥思苦想。但是到了第二年,在编写《学校经营方针》时她就有了许多素材。迄今为止,在报告、工作坊和职员会议中掌握的学校现状与需求、经过多番讨论而形成的教学实践上的共同课题等都被纳入了《学校经营方针》中。

第一年的8月上旬,在培训的全体大会上有机会讨论了孩子们的现状（学习与生活两个方面）与教学中的课题等问题的机会。当时的资料中出现了"聚焦培养目标的"、"互相倾听"、"用语"、"关联性"等词汇。另外,小森校长在工作坊上将自己思考的关于学校的教育问题写成了报告并不断地向教职工提出质疑。

例如,在2003年12月的第二次工作坊上,小森校长提交了一份六页的报告。首先,她就11月份相川老师的公开课提出了"注重孩子们的关系,在此基础上推动学习开展",并详细地做了一页纸的点评。作此点评是因为校长意识到当天没有召开课后研究研讨会,所以采取了"公开点评"的方式。接下来第二页以"关于'倾听'"为题,整理了上一次工作坊中提出的孩子们的现状,并进行了点评。第三页则以"关于沟通交流"为题,进行了图书的介绍。

经过这一系列的努力,2004年4月份的《学校经营方针》将校本培训的总主题"让人每天都乐于置身其中的中津小学"作为"本年度的具体目标",在"重点化活动"中增加了"互相倾听"的条目。在校长亲手写下的笔记中有"用了一年的时间与教职员工一起构思的学校经营方针（的成果有）：职员会议、校本培训、讨论过的项目都付诸行动"。另外,在2005年2月决定了培训的副标题,因此2005年的《学校经营方针》中"本年度的具体目标"中又增加了"追求重视关联性的学习"一条。

小森校长将所有教职工提交的报告以及围绕报告进行的工作坊中的讨论统统作为提炼、审视自己的学校管理课题的绝佳机会,同时,在这些活动中,校长自己作为一名教育者参与其中,也能更好地启发教职工认清孩子们的发展现状,培养教学问题意识。换言之,校本培训对于中津小学而言,是与"学校共同愿景"的形成密切相关的。

退休后在回顾往事时,小森校长表示,针对两学期制改革*所进行的讨论,对于她自身"学校共同愿景"的形成产生了重大影响。2005年中津小学与其他两所小学一起,率先进行了两学期制改革。改革之前,仅在职员会议上就针对这一问题讨论了8次。在2004年10月提交的报告中,她陈述道:"改革成两学期制后,我希望能腾出以下时间(见表格)"、"我认为减负有利于孩子们建构良好的人际交往关系,帮助他们深化学习"。

- 对孩子们而言

教师能与孩子更多地面对面(一起度过的时间　** 说过的话　*** 接纳态度)

一对一应对孩子需求的态度

倾听孩子的语言并寻问、接纳

留意孩子的语言　在课堂中灵活运用

- 为了提高指导能力

多角度研究教材

互相公开授课

教师之间互相切磋

关注新的教育问题与地区特色

接触并学习专业知识

接收多方面的评价,教师进行自我评价

---

* 译者注:在此之前该小学为三学期制。
** 译者注:对孩子们。
*** 译者注:对孩子们的。

在工作坊上，教师们坦率地提出问题，小森校长在下一次的报告中予以真挚地回应。她以"减负与学习"为题，一边对"减负"、"学习能力"等词汇进行概念澄清，一边探讨孩子们究竟该具备怎样的能力，从"教育论"的角度分析了两学期制的意义。

通过这一系列的教职员之间的讨论，中津小学将教育理念定位为"建设以孩子为本、促进孩子们深度学习的学校"。2005年2月，学校面向家长召开了"两学期制学校说明会"。学校分发给家长的资料对于两学期制的意义进行了如下陈述：

> 学校在一周5日制的基础之上，注重充实学习内容，加强培养良好的人际关系，并力图开发相关教育课程。
> 学校力图通过长期持续的教育活动来见证孩子们的成长与学习、充实教育指导活动。
> - 保障每个学生充足的学习时间
> - 花费更长的时间来发现每个孩子的优点与发展的可能性，并进行评价

于是学校在2005年度的经营方针中，就把"以人为本、深度学习"作为教育理念明文记载。小森校长在回顾往事时做了如下评论：

> 关于实施两年制的讨论，是由校长提出来的。但是在耗费近两年的时间达成共识时，教职工们却自豪地声称"这实现了我们自己的前景构想"。也有教师在受到校外有关"为什么中津小学要实行两学期制"的指责时，会竭尽全力地向对方进行说明。

校本培训与"共同的学校发展前景构想"的结合,使得教师们意识到"学校经营管理的总体趋势与自己的实践是息息相关的"。

小森校长说到,2004年12月的校本培训会上,一位教师的发言给她留下深刻印象。这位教师说:"对于教师而言,没有怦然心动,但却有痛苦。以前我一直觉得学校的教育目标与课程是两回事,但通过不断地研修我现在认识到,在课程实施的过程中,我们在一步步接近教育目标。"因为这位教师是个坦率真诚的人,所以小森校长强烈地感受到"这个人能够这样说,说明现场的气氛确实是高涨的,同时培训内容也是高水平的"。

另一方面,从教师的角度来说,他们能感受到通过报告和公开授课,可以让校长理解自己的想法与顾虑,从而调整学校经营方向。例如,泷泽老师说在选择培训讲师时,"大家都不知道该怎么做,还处于摸索阶段。但是校长充分理解了大家的处境,帮忙找来了讲师"。

如上所述,以孩子们的现状、孩子们的教育、教师的实践问题等为中心,在教职员间形成了形式多样的沟通交流。通过建设所有教师的"共同愿景",使得校本培训体系得以制度化,并以此推动学校整体的改善活动。

5. 总结——促进学校改善的因素

虽然教师们一团和气、团结互助,但是教师们却不愿意与他人分享自己的教学实践,躲避校本培训活动的中津小学,在大约4年的时间里,形成了教师们主动确认学生学习状态,向他人开放自己的教学实践活动,一同进行反思以寻求改善,共同应对学校教育问题的体制。而正是市教育委员会为期两年的研究指定校制度和要借机推行教师教学改善活动的校长与培训主任的意志,成为推动这一变化的契机。

三村培训主任虽然希望能够改变教师们畏惧上公开课的心理,但又不希望改革是"强制被动"的。小森校长虽然强烈地感受到了改革的迫切性,但还是根据教师们的实际情况进行应对,积极促进培训主任发挥领导力。通过二人的努力,"高志模式"得以在中津小学尝试运用。

写报告虽然看上去是个简单的行为,但是它能够使每个教师确认孩子们的实际状态,并将教学实践中的问题具体化、明确化。而工作坊能够使教师们以日常生活中的教学实践及其改善为主题进行多种形式的沟通交流。最初,对于谁也没有体验过的培训形式,许多教师有抵触情绪,但是以3位教师实地参观为重要转折点,新的培训形式被教职工们所接纳。

事实上,新的培训形式制度化的历程并非坦途。在这一历程中,校长不断面临着各种问题与矛盾。虽然如此,"学校共同愿景"还是得到了实现。三村老师常常和校长说:"即使我们教职工坚持自己的主张,但只要是在校长手下工作,最终我们就会顺着校长想要推进的工作方向转变。而在这一过程中,我们的积极性被充分地调动起来了。"小森校长对于三村老师的观点也抱有同感,但也表示这一过程常常伴随着焦虑与挣扎。

在启动校本培训的初期阶段,校长对毫无方向感的培训方式焦虑不已,也曾对三村老师坦率地质疑道:"这样做真的可以吗?"但是在校本培训的过程中,老师们提交的报告水平渐渐提升,借用小森老师的话来说,可以明显感觉到"虽然方向含糊不清,但是水平确确实实提高了"。而且校长也将自己对于教育的想法写成报告,与教职工们进行平等的讨论。这一做法也有益于调整学校经营的整体方向。

作为沟通交流平台的校本培训

在分析中津小学的案例时,不可忽视的一点是,他们把从"高志模式"改造而来的培训形式用以促进教师之间的沟通交流,同时,在各种不同场合里体现出了与建设"学校共同愿景"相结合的倾向。通过这种方式,使得校长的学校经营管理构想以及基于经营构想的经营实践与每个教师的教学实践紧密相连(参照图5)。

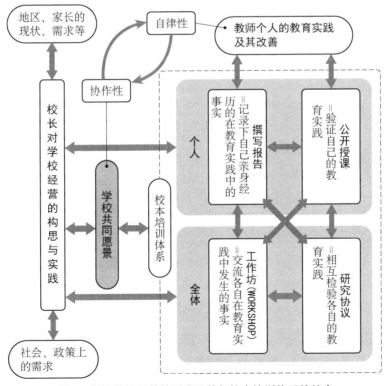

图5　学校共同愿景的形成及其与校本培训体系的结合

如上所述，围绕着实施两学期制的改革，本可以简单地作为制度变更来处理，但是中津小学却借此制造了许多机会，使得教师之间互相印证各自的"教育观"。是否实施两学期制直接关系到每个教师如何开展自己的教学实践活动。之所以这样说，是因为这一课题与在学校里如何教育学生、该多久衡量一次孩子们的成长等实质性的教学实践课题是紧密联系的。但是，这在教职员会议上进行的讨论的话，就很难上升为纯粹的"教学课题论"，教育委员会的政策、管理层的意志与普通教职工的意见往往相左，呈对立关系。事实上，当2006年市教育委员会要求市内所有学校一律实行两学期制时，有的学校内部便已爆发了不满与对立。

而中津小学实施两学期制是基于教师们多次讨论而决定的。两学期制对于教师的教学实践有着怎样的意义、会带来怎样的课题、为什么会这样，每一个问题都得到了教师们的细致讨论。在校本培训中进行的意见交换衍生出了与学校教育整体相关的"共同愿景"，进而促使教育理念、教育目标、教育实践相结合，并将这些根植于教师的意识中。

总体上来看，中津小学的校本培训体系正是在被定位为学校内部沟通交流活动的一环，并与"学校共同愿景"相结合的基础上，才能在教职工之间扎根，并为学校改善提供动力的。

注释

1. 上原进在《ワークショップの日常化で実践に基づき実践に返す》一文中（村川雅弘《授業にいかす　教師がいきる　ワークショップ型研修のすすめ》，晓星出版社，2005年，第88—95页）整理了其具体的目标、方法、效果。
2. 同上，第90—92页。

第7章
创办社区联合运动会——胜山小学的改革

1. 胜山小学概况

在学校和社区一起举办联合运动会(以下称联合运动会)之前,曾提议举办联合运动会的萩原校长这样描述胜山小学和社区的关系:"虽说胜山小学和社区之间总有着千丝万缕的联系,但是这种联系却是消极的,是一种不太理想的关系。"近年来,在学校和学校评议员的努力下,学校和社区的关系正在慢慢改善,学校开始对社区开放,以获得社区的理解,并灵活运用社区的教育力量,社区的呼声和要求也给学校带来一定的影响。据说这种改变的确使学校向着更好的方向发展。

但是,这条道路绝不是坦途。进行这种新的尝试,必须要从多个角度考虑问题,这需要付出很大的努力,而且在这个过程中,总会有各种意见和主张的相互碰撞。当然,举办联合运动会的胜山小学也不得不面对这些课题,萩原校长称之为"始于负数"。

胜山小学1980年建校,是位于关东地区的一所公立小学,建于沿海地区通过填海造陆形成的新兴住宅区。因其建校时间与新兴住宅区居民入住时间一致,所以巅峰时期的入学学生数超过1 000人。但是,少子化致使学生数越来越少。1996年开始举办联合运动会的时候,学生总数只有450人左右,不及巅峰时期人数的一半。下文还会提到,胜山小学和社区的联合运动会的举办也与学生人数的减少有一定关系。

胜山小学周边地区形成了一个叫做"胜山社区"的居民组织,这个组织的形成与1990年胜山小学被指定为"终身学习研究校"有关。胜山社区非常关注本地区居民的教育和文化,利用胜山小学的空闲教室,该校建成水彩画室、工作室、计算机室、地区剧团室等,举办各种活动。联合运动会的举办,也离不开这些居民的努力。据2003年调查显示,胜山小学之前举办过由学生、教师、家长、居民组成的1000人规模的联合运动会。本章会介绍1996年到2003年间胜山小学从组建联合运动会到逐渐步入正轨再到成熟的整个动态过程,其中会穿插一些与居民有关的故事。到2003年,胜山小学有学生约320名,教职员工22名。

本案例所收集的资料包括对联合运动会的开创者、继承者们(现任校长、前校长等)的访谈调查资料、相关材料(学校要览、联合运动会的相关资料),联合运动会和地区活动的观察记录,以及对跟胜山小学有密切联系的居民和家长等的访谈资料。

本章记述的一些小事,看起来司空见惯,好像在哪个学校都会发生,但是举办联合运动会的决策就是在这种司空见惯的情况下做出的。最后,我们思考这样一个问题:各种常见场景、小事情对于联合运动会的举办有什么意义?

举办联合运动会的原因

在叙述具体事例之前,本章首先解释一下胜山小学和社区举办联合运动会的原因,同时思考:运动会的转型和学校的变化之间有什么联系呢?

首先,运动会是学校教育课程中不可或缺的一环,同时也是师生学校生活中非常重要的一项活动。所以,运动会的管理(规划、准备、经营、反省)需要全体教职员工的集体参与。在决定目标和策划项目时,既要考虑学校的实际情况和传统,又要得到教职员工们的共同理解。在目前的学校生活中,教职员工拥有共同的目标、一起创造一种教学活动的情况其实并不多见。另外,运动会的举办不能只关注某个责任班级的学生们,它更是一个重新审视其他班级和整所学校所面临的课题的机会。

此外,例如学校评议员和学校运营协议会的委员们都不是以个人身份参与学校事务,由于联合运动会为居民与学校密切接触提供了机会,这就为教师和居民之间更有可能超越私人关系,建立起学校和地区之间的组织关系。而且,学校成为学生、教师和地区居民共享教学活动的珍贵场所,这为实现学生和地区居民的直接接触创造了机会,对于拉近学校和地区之间的距离来说很有价值。

可能在一些地区,学校和地区的联合运动会作为一种被保留着的地区文化,"从古到今一直没有变化"。但是,从20世纪80年代开始,学校和地区的关系变得疏远,不再有强烈的合作意识。联合运动会的重建也成为维系学校和地区关系的一种重要活动。改变运动会的过程也是"改变学生、教师、家长、居民参与学校活动方式"的过程,是推动学校变革的力量。

2. 举办联合运动会之前胜山小学和地区之间的关系

提及胜山小学和地区间的联合运动会,不得不说的是在举办联合运动会之前两者之间的关系。1990年,胜山小学被教育委员会指定为终身学习研究校,进行为期三年的研究,所以举办过一些学校和地区的联合教育活动。推行研究时，在学校内部成立了由教师组成的"教师研究部"和由居民和家长组成的"监护人研究部"，试图推进研究的系统化。

但是，当时学校和地区的关系是，教师感觉"根本没有时间跟监护人一起做事情"，而且学校对居民和家长的意见还有抵触感，合作情况并不乐观。在这种情况下，进行研究的前两年几乎成了空白期。到了第三年，作为终身学习的研究成果，胜山小学和地区联合举办了歌剧会，但是两者之间的关系并未得到改善。

然而，家长和居民以举办歌剧会为契机，以监护人研究部为基础，秉承"不强制"、"自由参加"的原则，使地区的学习活动得到了系统化，也就是成立了之前所提到的"胜山社区"。胜山社区利用周末的时间，把胜山小学的学生集中起来，在校园里举办"老游戏"和种植活动，同时组织学生参观市内名胜古迹。因为学校希望能把一些活动应用到学校课程中，所以把一部分居民聘请到学校做讲师。因此，在联合运动会之前，胜山小学和地区举办了一些合作活动。

3. 提出并认可联合运动会的过程

校长的提案和教职员的反对

最初，胜山小学的教师们并未达成一致意见。从学校单独举办运动会到与地区联合举办运动会，这中间需要解决各种各样的问题，在反复摸索中，最后组织内部终于达成了一致意见。

胜山小学联合运动会得以开展的一个直接原因是1996年萩原校长的上

任。胜山小学作为终身学习研究指定校时,萩原校长是胜山小学的教导主任,他知道胜山小学与地区之间的消极关系。而且,当时他注意到居民进校园给学校与当地居民的合作以及孩子们带来了变化。虽说他本人也曾抱有"家长们,真麻烦啊"、"老师们再坚持坚持吧"的想法,但那之后他的想法发生了如下变化:

> 如果家长来的话——不光是家长,就连地区居民来的时候,孩子们似乎都显得非常高兴。而且在这个地区一定有不少非常有趣的人,像我这样只知道教师世界的人,遇到那些有趣的人,也能开阔视野,有时会不由感叹道"啊,原来还可以这么想"、"好像这样也有道理"。作为一个教导主任,就是通过与地区形形色色的人打交道,视野才更加开阔。看到我的世界之外原来还有这么多有想法的人,我自身也会发生一些变化。而且,孩子们感到快乐对我来说就是一个很大的变化。

萩原校长不是从"教师"和"家长、居民"关系的立场,而是从"学生"和"家长、居民"关系的立场来看待学校和地区的关系,他深切感受到学校和地区之间合作的意义。正是凭借这样的经历,萩原校长上任后,以"希望得到本地区家长和居民的帮助"作为学校的基本教育方针,并设想了各种学校和地区之间的合作活动。

当时的胜山小学由于女性教师居多,而且教师老龄化严重,所以运动会当天的准备常会出现问题。另外,随着学生人数的减少,运动会也变得不再热闹,运动会的举办面临着很多需要解决的问题。再看看平时课堂,有不想上学倾向的学生人数在增加。教师们为克服这些问题也用尽了各种办法,但是努力过后仍然没有起色。所以在这种情况下,萩原校长一上任就在教师会议上提案举办联合运动会。

起初,有很多老师反对这项提案:一是因为他们对学校向地区开放有抵触感;二是害怕与居民、家长打交道会使工作更加繁忙。所以教师会议过后,据说有老师到校长办公室提出抗议,说"这不是开玩笑嘛"、"老师们会过劳死的"。荻原校长以一个教师的立场呼吁道:"学生不上学是不可以的"、"现在,我们要为那些处于困惑中的孩子们做点事情"、"现在,我们需要地区居民的帮助"。最终,凭借着之前举办学校和地区合作活动的一点经验,他们决定慢慢摸索着举办联合运动会。

教师们的争议和关注点

负责举办联合运动会的组织——运动会组织委员会开始行动起来,荻原校长把运动会目标的确定、体育项目的选择等任务交给老师或者各个年级,让他们自由表达意见和想法,然后校长从中选择比较合适的提案。但是,由于教师们没有与地区联合举办运动会的经验,对联合运动会的看法和价值观也有所不同,"选择什么样的项目好呢"、"让地区居民怎样参与到项目中呢"等问题在组织运动会委员会上多次地协商过,正是这些协商成为了重新审视胜山小学学生现状的一个契机,也对思考运动会目标和指导意义有一定作用。下面介绍几个有关的故事。

◆ **关于入场队列的指导**

向家长和居民展示学生们入场时的队列,对于教师来说,就意味着向家长和居民展现自评时的指导能力。之所以讲是因为有的班级进场时十分整齐划一,大家就觉得这个班级的班主任指导有方,而如果不整齐就被认为是该班班主任指导不到位。但事实上，各个班级的课题不同，每个学生的课题也不同，面对这种情况，教师们就会反问到底入场队列应该是什么样的、入场指导的意义又在哪里。

最后，胜山小学的老师们一致认为不应该把学生能够整齐有序地入场本身作为进行入场指导的目的，而是把能否整齐有序地入场作为学生成长过程的一环，所以在运动会当天只要向家长和居民展示出孩子们当天应有的状态就可以了。围绕入场指导，关于指导的意图和方法，萩原校长这样对老师们说："现在我们的学生还处于不懂得团队合作的年纪，比起入场训练，年级之间能够友好地'合作是关键'，'即使入场行进做得不好，结束之后也要让学生好好做'，也就是说，入场行进不是目的，而是学生成长中的重要一步，并不是说不要做到最后。运动会以及具体选择哪些运动项目等都按照学生们的实际情况就好了。"

◆ 命名

在联合运动会的命名上，老师们也倾注了大量心血。当初，萩原校长想把胜山小学的运动会办成学生、大人甚至连老年人在内都可以参加的盛典，让它成为扎根于这个地区的一项活动，所以提出把联合运动会命名为"胜山地区运动节"。但是，教师们提出，胜山小学的传统以及运动会的教育意义不可以丢掉，所以去掉"胜山小学"是不可以的，没有"运动会"几个字也是不合适的。最终，萩原校长采纳了老师们的意见，把名称定为"胜山小学与地区的大运动会"。

以上的趣事发生在举办联合运动会之前的讨论过程中，教师们对于举办运动会的目的和对学生时行指导的意义有所领悟。之前举办运动会的时候，他们就没有关于入场指导目标和方法的反复揣摩，更不会对运动会的名称如此在意。

理念的渗透

　　胜山小学联合运动会得以成立的一个关键原因就是学校具有"学社合作"、"学社融合"这样的理念。学社合作是指把学校教育和社会教育相结合，学社融合是指把学校和社会各自的学习场所相融合。在学校中，学生不上学、班级涣散、不良少年出现等问题越来越严重，在这种情况下，学校应与社会联手给予学生更优质的教育，为学生身心各方面的健康发展做出努力。

　　把"不允许有不上学的学生"作为学校课题的胜山小学，正是基于上述理念，才强烈地意识到，应把联合运动会与本地区的运动活动结合起来。当老师们提出"为什么一定要举办联合运动会"、"为什么必须要跟地区进行合作"的质疑时，荻原校长做出的回复是："不上学的孩子再继续不上学可以吗？总是有孩子待在医务室里可以吗？我不认可这些现象。"

　　换言之，正是因为胜山小学的全体人员把"不允许有不上学的学生"作为他们共同的课题，才会产生"学社合作"、"学社融合"这样的理念。也就是说，理念如果只在形式上、表面上被接受是毫无意义的，理念必须与课题密切相关。

　　另外，胜山小学的理念也渗透到了积极参与联合运动会的居民心中。有的居民从联合运动会的筹办开始就一直致力于促进学校和地区从浅层合作向深度融合的发展。可见，胜山小学不仅是在学校内部，同时也向地区居民传达了教育理念。

4. 建立与地区的联系

在胜山社区的推动之下,胜山小学与地区居民一同规定进行集体活动的时间(大概时间),最终实现了合作。在胜山社区内部成立了联合运动会的执行委员会,推进运动项目的选择和相关准备工作。另外,召开了学校和地区的联合会议,决定 10 月份举办联合运动会。而且在以后的联合会议上,关于联合运动会的定位以及运动项目的选择等都得到了讨论。下面我们来看一下胜山社区的变化以及联合会议的状况。

胜山社区的行动和参与方法

胜山社区是以胜山小学被指定为终身学习研究校为契机成立的居民组织。当胜山小学的终身学习研究活动结束,并且和地区的合作活动结束后,胜山社区利用空闲教室来举办一些文化活动并教授一些与生活有关的知识。萩原校长上任后提出举办联合运动会的建议,由于胜山社区之前就有过与胜山小学合作的经验,所以就接受了萩原校长的这项提案。

胜山社区的优势在于其行动力和组织力。在萩原校长提出提案后,胜山社区马上就召开了针对联合运动会的"地区执行委员会"。有位居民回忆说:"当时愿意参与的人中只要有 3 个人同意这项提案就可以组成执行委员会,之后再加入一些必要的人员。"

联合运动会得到了来自PTA*的理事、胜山生活区建设会议的议长、地区体育指导人员等的大力支持,他们共同组成了地区执行委员会,项目的选择及与学校的协商,主要是由地区执行委员会的委员负责的。运动会当天的准备和比赛事项,由当地的杂志负责宣传,并且鼓励大家号召自己的熟人来参加。就这样,依托着当地居民们的好奇心、执行力以及居民之间的社交关系网,胜山小学的提案被采纳了。

想法的产生和传承

通过居民们的表现可以看出,虽然居民们知道这是学校的运动会,但是他们自身也想快乐地参加运动会,地区执行委员会的会议也体现出这一点。但是,执行委员会的任务,不只是关注居民是否开心,在保证大家一团和气的同时,还应向居民说明运动会的宗旨,而且要商讨如何达成与学校的合作机制。

◆ 运动会的宗旨

执行委员会把运动会定位为"展现日常体育运动的平台"。基于此,居民们就把自己定位成"使孩子安心参加比赛的助手",以及学校方面的支持者。

◆ 项目的选择

对于居民来说,比赛项目的选择就是为了让运动会变得更加有趣,居民们从他们自身参加运动会的经历出发,提出了"比赛吃面包"等想法。

---

* 译者注:Parent-Teacher Association,家长教师联盟。

虽说恢复了大家都很喜欢的拔河比赛,但是之前在拔河比赛中经常出现伤到脚跟腱的情况,之后就一直没有举行过拔河比赛。就这样,地区执行委员会保留住了关于本地区的记忆了啊。(居民)

以上是关于地区执行委员会的两个故事。其中一个是说地区执行委员会是促使居民对运动会产生课题意识和主意的平台,另一个是说地区执行委员会是把不同居民的想法和观点进行融合传承的地方。他们把这些故事称为"地区记忆的保留"。当天之所以能够顺利举办运动会,正是由于大家对运动会拥有课题意识和经验积累。

联合会议——以学生学习为中心的决策

教师和居民直接会面的联合会议召开过三次。校方出席代表是校长、体育主任、教务主任及负责运动会的教师,地区的代表是地区执行委员会的成员。学校和地区的代表们聚集在一起,针对联合运动会的目标和项目选择进行协商,在这个过程中,教师和居民在看待运动会时显现出不同观点,具体表现在计划举办的比赛项目、协助孩子的规则等方面。

◆ **围绕项目的争论**
居民方面主张举办的项目是"吃面包比赛"、"蜈蚣赛跑"、"拔河"等,但是学校方面反对"吃面包比赛",理由是"小学生不适合这种把食物用于比赛的项目"。

◆ **协助孩子的规则——大人不能帮孩子**
因为地区执行委员会把联合运动会看作是"孩子们展现日常体育运动的平

台",为了让孩子们能够把平日的成果尽量发挥出来,居民方面认为大人应该尽全力帮助孩子。但是,学校方面的要求是,为了让孩子们自己体会充实感和成就感,大人不要帮助孩子。

> 看到那么小的孩子很吃力地搬跳箱(心里很过意不去),但是,老师要求孩子在搬的过程中不准帮他。说是想让孩子自己感受到完成任务后的快乐。(居民)

在这里,重要的一点是,学校方是立足于孩子的学习和成长来协助孩子的,所以才会提出协助孩子们的"应有方法",才会提出与居民意见看似相悖的"不要帮助孩子"的建议。

这样一来,通过联合会议,校方和居民关于运动会的观点就差不多达成一致了。拥有"使分歧浮出水面的场所",正是胜山小学的优势。另外,在学校和地区的意见发生分歧时,胜山小学的联合会议能够立足于"学生的学习"来进行决策,这也是胜山小学的优势所在。不是站在教师和居民的角度,而是以学生的学习为中心,虽说这是理所当然,但在联合会议上不掩盖意见的冲突,而是换位思考、站在对方的立场进行讨论和修正,最后达到相互理解,这才是最有意义的。

5. 创造面对面坦率交流的文化

这样的会议之所以得以成立,是因为在胜山小学和地区之间有着无论什么都可以交流的文化。在创建这种文化时,萩原校长在会议上提出"不管说什么都不忌讳"、"讨论什么都可以"的基本理念，致力于建立"当面就可以批评学校"的关系，同时表示"反对会议后，出了走廊再提意见或在背后议论等行为"。

在会议上，居民和学校都坦率地表达了各自的疑问和不满，校长亲自带头创造这种气氛。

> 我也在会议上说过关于地区的一些坏话。有些初次参加会议的老师听到后会表现出"唉"这种惊讶的表情。但是社区居民却赞同我说的。这样大家就知道"原来那样的话是可以说的"。（荻原校长）

虽说这样的关系看上去有些过火，但是这是胜山小学和地区居民通过对以前双方关系的反思而确定的关系。校长强调了面对面交流的重要性，他说："虽说看起来像是在吵架，但是实际上并非如此。如果当面什么都不说，背后各种议论，就会导致像上次那样的关系破裂，留下隔阂。"

胜山小学还特意召开了运动会之后的反思会。在反思会上，筛选了准备阶段及运动会当天的成果和课题，找出改善对策，为以后运动会的开展打下基础。而反思会也秉承着一贯的无话不谈原则。关于这件事，还有以下的这件趣事：

> 运动会上有人看到孩子们搬运道具比较费力，就去帮了孩子。结果在反思会上就有老师抱怨道："孩子难得那么努力地在搬道具，大人去帮他们算什么事儿啊？"，那个大人回应："我也知道帮孩子不对，但是看着孩子们实在是太吃力了，忍不住就去帮忙了。"（荻原校长）

无话不谈的文化，不是那种相互嘲讽、相互谴责，更不是那种相互敌对的文化，这种文化是让大家围绕一个共同的主题，以相互尊重为前提，通过真诚地交流促进相互理解。

"为什么要帮助孩子呢?""啊,不好意思,只是不知不觉就帮孩子了。"通过这种对话表达各自的意见,大家在相互尊重的基础上,共同促进运动会更好地举办,这样也形成了一种和谐的气氛。联合会议上无话不谈的文化正是基于大家相互尊重、围绕课题一起面对面交流这两点形成的。

6. 赋予教师权限、允许教师参与学校管理

正如我们所看到的,创办联合运动会的过程,是在老师们没有任何经验的情况下,根据各自不同价值观提出自己的意见,由大家进行集体讨论,最终谋求对目标和指导方法的共同理解的一个过程。实际上,这种组织的"不安定"状态,是萩原校长有意设置的,为的是让老师们能够直视学生们的实际情况,重新定义运动会的意义。

> 可能大家都会构想理想学校的样子,但是,重点应该放在哪里呢?这就由各位老师或各个年级自己定夺了。(中间省略)运动会应该办成什么样?只要是能够满足各个年级的实际情况就是好的。(中间省略)从这点上来看,某种意义上,我追求的不是一种安定的、平板的学校经营,而是一种似于有违和感的学校管理方式。一般情况下,校长越是追求学校安定,越容易导致学校的不安定。(中间省略)实际上有很多老师会有"说是让我以自己喜欢的方式去做,但是怎么做才好呢"这样的疑问,我希望这些老师能够明白什么才是真正的好,这也是问题解决的一个突破口。(萩原校长)

就这样,萩原校长给予老师们定夺权,让老师们表达观点和意见,为老师们创造为联合运动会出谋划策的环境。"那是不统一的、有差异性的"、"我想要的是不安定的学校经营方式"、"我希望教师们能成为可以分辨出什么是真正的好的老师",萩原校长之所以说这些话,是为了表明,即使各个年级没有形成统一的运动会目标和指导方法,单单是让老师们明白运动会的意义这件事本身,就足以把这个组织团结起来。

另外,萩原校长表示,对于老师们的提案会尽量选择性地采纳,因为允许老师们自由发表意见,老师们也就有了信心和安心感,这也成为创建与年级和学生的实际情况相适应的运动会的一个推力。

7. 两年之后的发展和改善

1996年10月举办的第一届胜山小学和地区的联合运动会中,参加运动会和参观运动会的总人数达到1 000人,获得了很大的成功。因此,两年后再次举办了联合运动会。教师们发现不上学的学生真的减少了,居民们也意识到通过拟订计划和前期训练,居民和学生之间建立起来的关系对于学校安全也有意义,很多方面都发生了有益变化。然而,其中也有一些课题需要解决。在此,我想讲述一下两年以后胜山小学联合运动会的发展和改善历程。

项目的重新选择——学习活动的共有化

第二年,作为改善事项设定了由学生、家长和居民参与的"共同项目",项目的改变是为了促使学生和居民学习活动的一体化。例如,设置了居民和学生共同参加的接力赛,还有让居民参加胜山小学的传统项目——"索朗节"等。之后,还决定由胜山社区的民谣团队来负责"索朗节"歌曲的演奏。

共同学习活动开展之后,会听到有的孩子说"能现场演奏真的好开心啊"这样的话,这样一来,平时与大人接触比较少的孩子跟大人建立起联系,在学校和地区之间,特别是在孩子和居民之间产生了新的关系。就这样,联合运动会成为不可或缺的一环,学校和居民之间的关系也变得越来越密切。

理念的继承

到了第三年(1998年),提议举办联合运动会的萩原校长被调到了别的学校,新校长羽岛老师上任。羽岛校长了解到,胜山小学已经积累了很多关于学校和地区联合办活动的经验,而且他自身也坚持"我会接受并继承萩原校长的理念"、"我想让胜山小学与地区的合作得到更轻松愉快的发展"的教育方针。另外,关于联合运动会,不能只是举办一个运动会就结束了,还要与其他的合作活动联系起来,从而发展学校教育,这从教育层面来看也是非常有意义的。因此,胜山小学就坚持了举办联合运动会和其他合作活动的方针。

但是,从羽岛校长自身来说,他还并不清楚联合运动会具体应该怎样开展,甚至连地区的居民"谁是谁都还不清楚",所以他通过积极参加联合会议,构建与地区的联系。另外,刚到胜山小学工作的老师,关于胜山小学和地区的关系,虽然意识到"好像在做什么",但是对于具体做什么还是一知半解。羽岛校长自己会去参加运动会项目,在深入了解的同时,鼓励老师们去参加活动的规划管理,让老师们通过积极参加活动,理解活动的内容和意义。

羽岛校长说:"如果校长自己不参加,只是口头上说让老师们去参加,老师们也不会去参加的。校长自身如果能乐在其中,在此之上再鼓励老师们去参加,老师们可能就会想'那就去尝试一下吧'。"

联合会议"精简化"所带来的问题

此后,随着联合运动会和其他合作活动经验的不断积累,联合会议的召开次数也被"精简化"到最少次数。表面上看有关联合运动会的知识和构想已经完善,而且可以高效地开展合作活动,但随着联合会议的精简化,学校和地区关于联合运动会的认识慢慢发生了分歧。

之所以要召开联合会议,就是为了突显学校和地区双方在运动会观、教育观及指导观的差异,通过交流讨论以求得到共同理解。但是会议精简化之后,就失去了双方相互理解和交流的机会。例如,有的家长把联合运动会看作是必须按时举行的一个惯例活动,并认为不必举办谋求共同理解运动会目标和指导意图的交流活动。

这种想法在其他合作活动中也有所体现,下面这段话是一位家长被聘为国语课的校外讲师时所说的:

> 去年在上课的时候,我一进入一年级教室,老师就对我说"全都拜托您了"。如果事先我们好好沟通过上课事项也还可以,但之前我们从没有沟通过,我只好问那位老师:"让孩子们相互之间做听读活动吗?"老师回答说:"那就听吧!"由于读的内容很短,一会儿就读完了。然后,老师又对我说:"请给点评一下吧。"但我又不是专业人士,怎么能提出建议呢?(中间省略)那之后,还剩下一些时间,但是老师到底想让孩子们做到什么程度呢?因为我完全看不出教学目标,所以毫无头绪。大概就是从那时起,我

感觉到在其他母亲之间似乎开始出现了消极情绪。即使是坚持继续做校外讲师的家长做得也特别累，没劲！碰头商议的时候，多次寻问老师也没有得到回应。我到底要做到什么程度才可以呢？（家长）

这些不是胜山小学向着更好的方向发展的故事，而是随着实践次数的增多活动变得空洞的表现。然而，胜山小学的这种变化，也给学校建设方面带来了一些启示。为什么这么说呢？因为我们看到，原来大家相互尊重、接纳不同、相互理解的联合会议被精简化以后，学校开始向着不好的方向发展，这种趋势非常明显。从以上那段话中根本看不出指导目标是什么，只看到了课堂变得形式化。

从这件事中也可以看出，对于学校和地区的合作活动来说，仅仅得到居民的帮助是远远不够的。虽然费时费力，但为了不让已经改善的部分又倒退回原点，确定、讨论、理解指导目标的会议还是很有必要召开的。

尽管中间出现了这样的问题，但在2003年进行调查时，胜山小学的联合运动会仍得到了很大的改善，据说每年的运动会都很有趣。联合运动会作为重视学校和地区关系的一项教育活动仍然继续着，而且这项活动确实能让孩子们感到充实和快乐。

8. 总结——让胜山小学发生变化的力量

组织学者维克（Weick. K）说，"所谓的文化共有，就是大家能够讲出一些共同经历的故事"[1]。接受采访的人，不管是地区居民还是教师，关于联合运动会的想法、教育观、学校的变化、地区的变化、孩子们的样子等,他们都可以说出很多有趣的故事。这就是说联合运动会作为胜山小学和地区的共同文化扎根下来,也表明学校发生了组织上的变化。

事实上,胜山小学的联合运动会已经产生了超越运动会本身的效果。老师们很明显地感觉出不上学的孩子在减少,居民们也意识到儿童是"本地的孩子",这也有利于保障孩子的安全。教师和居民也开始有了交流,并逐渐加深对彼此的理解。

胜山小学的成功之处并不只是在于它能够聚集起1 000多人来举办这种规模巨大的运动会,正如当事者能够讲述很多关于运动会的故事一样,他们在积极参加运动会的同时,并不满足于现状,还会去争取让学校和地区的关系变得越来越好,这种努力的姿态值得称赞。

促进沟通的管理

最后,让我们考虑一下,什么才是改变胜山小学的力量。

第一点是校长、老师、居民等当事者关于举办联合运动会的"共识",这种"共识",也可以说是"学习"。

学习就是赋予某一件事以一种从未有过的意义,而且通过这件事,个人能够发生持续不断的变化行为。学习到的内容因人而异,包括重新把握学校和地区的关系、运动会的目标和指导方法、协助孩子的方法,等等。跟地区一起举办运动会的目的是什么?对于孩子们来说有什么样的效果?什么样的支持才是好的呢?即使每个人学习到的内容不同,但是依靠每位当事者的体会,最终形成了运动会的新目标和教育方法。

第二点就是设置了一个大家共同学习、力求共同理解的平台。第一年的时候,由运动会组织委员会、地区执行委员会和联合会议来承担这种对话平台的角色。两年以后,通过项目改良这一契机,创建了新的共同学习平台。羽岛校长非常重视这一平台,他表示,"看到大人们在运动会上的工作,孩子们也学会了坚强和努力,大人们也从孩子身上看到了那种年轻的、有活力的、奋进的精神"。胜山小学创造出了能够把感受说出来、能够共享经历的环境,也正是基于这一平台,联合运动会的文化被打造了出来。

第三点是有着产生、促进这种学习的"管理方式"。这里所说的管理是指各个当事者能够相互交流自己对联合运动会的想法,在相互理解的基础上进行一种有意识的沟通。具体来说,就是在胜山小学,从学校课题出发举办具有指导理念的实践活动、给予教师定夺权使其自由表达观点、创建面对面无话不谈的氛围、以学生的学习为中心进行决策等等。当然,如果胜山小学懈怠于沟通的话,运动会很有可能就会变得形式化且毫无趣味,会议的精简化也显示出了这一危险性。

在胜山小学,通过举办联合运动会,老师、学生、居民与学校之间的关系都发生了变化。一方面,当事者对理念的理解不断加深,另一方面,作为主体的个人也发现了实践的意义,并且开始采取行动——这种沟通在上述两件事同时发生的过程中得以实现,学校也因此发生了变化。

注释

1. 卡尔.E.维克(远田雄志·西本直人译),*sense making in organizations*,文真堂,2001年,第250页。

第8章
建立学校运营协议会改善教学——东西小学的改革

1. 东西小学概况

东西小学创建于20世纪30年代,坐落在关东地区大都市近郊的住宅区内。由于该校建校费用的一半由地区居民承担,因此地区居民对学校有着深厚的感情。2008年,学校有教职员30名,学生约570名,没有不来上课的学生。江藤校长于2004年4月上任,2010年3月调离。

2005年4月,东西小学引入了学校运营协议会制度。2009年,形成了包括会长(专家学者)、校长、2位专家(学者)、7位地区居民、1位家长(PTA会长*)在内的委员构成。学校运营协议会大约每月召开1次,2009年以后每次均有10名以上的教师出席会议。

2. 学校运营协议会调查概要

笔者调查的是东西小学从2007年到2009年的情况。调查方式包括:①笔

---

* 译者注:parent-teacher association,家长教师协会。

者作为一名协助学校工作的志愿者进入学校并进行学校观察(大约每周一次);②对东西小学教职员的调查采访;③观摩学校运营协议会(大约每月一次)。

  2009年1月,以东西小学的老师(包括教导主任)为对象,笔者发放了关于学校运营协议会的问卷共25份,最后回收到的有效问卷有17份。调查内容包括协议会所重视的活动、对地区运营学校成果的认识等。同时,以邮寄问卷的方式对除了东西小学之外的被指定为地区运营学校的全国242所小学[1]进行了同样的问卷调查。在全国调查中有23所学校寄回了两份以上的答卷,共回收到243份有效答卷。

  表3是针对"地区运营学校的成果"这一问题,把东西小学老师的回答与全国23所学校老师的回答做平均值误差检验(t检验)后得到的结果。针对每个问题,设置"符合"、"一定程度上符合"、"有一点符合"、"不符合"4个选项,其对应分数分别为4分、3分、2分、1分,让老师们进行选择,最后计算平均分。

表3 小学教师关于地区运营学校成果的认识(东西小学与全国的比较)

对地区运营学校成果的认识	东西小学			全国23校			有意义误差的检定结果
	平均值	标准偏差	度数	平均值	标准偏差	度数	
体验性教学活动很充实	3.59	0.62	17	2.94	0.78	233	**
追求教育课程的改善和充实	3.00	0.65	15	2.46	0.80	228	**
儿童学习意欲有所提高	3.20	0.86	15	2.59	0.76	232	**
儿童"知识"层面的学力水平得以提高	2.93	0.80	15	2.38	0.73	232	**
儿童能够重视与其他儿童的友谊	2.94	0.85	16	2.31	0.66	228	***
自己有了更多的新的课堂实践	3.06	0.77	16	2.54	0.77	229	**
地区居民开始与学校合作	3.44	0.73	16	3.01	0.73	230	*
家长开始与学校合作	3.47	0.74	15	2.79	0.77	228	**

调查结果显示,与全国地区运营学校的小学教师相比,东西小学的教师关于地区运营学校成果的认识,如体验性教学活动和教育课程的充实、儿童学力提高、儿童道德的发展、课堂的改善等,其得分的平均值明显更高。同时也可以看出,协议会引入后,地区居民和家长与学校的合作也增加了。

表4是东西小学学校运营协议会的具体活动示例。引入协议会以后,地区居民和家长逐渐参与到教学活动中来。2005年的时候还没有家长志愿者组织,到了2006年,就有了志愿者来做图书管理员、绘图员、体力测试员,2007年又有了协助孩子们学习的志愿者。同年,东西小学与附近大学、幼儿园和公交公司的交流活动也被融入教学中。

表4　东西小学学校运营协议会的主要活动内容(2005—2008年)

年月	主要的活动内容
2005年7月	暑假儿童们住在体育馆里自己用纸板做的房子中,这个活动一直持续到2009年。
2005年11月	组建会议分组。(教育协调、环境、安全、调查活动、宣传)
2006年2月	设置图书志愿者,第一次有40多人参加,一直持续到2009年。
2006年4月	配备学校教育协调员。
2006年4月	决定制定《东西小学规则手册》。
2006年4月	东西小学志愿者俱乐部(绘图员、体力测试辅助员)问世。
2006年4月	用四年级学生的作品装饰附近公园的课程(综合学习时间·图画和手工科)开始,志愿者帮忙搬作品,一直持续到2009年。
2006年5月	被指定为社区学校推进事业调查研究学校;增加配置1名教师。
2006年5月	薪能(译者注:日本传统艺术表演的一种,在篝火前表演能);在神社展示五年级学生的作品(综合学习时间·图画和手工科),由志愿者帮忙搬作品、回收作品以及巡视。一直持续到2009年。

续 表

年月	主要的活动内容
2006年7月	六年级学生欣赏大学手风琴的演奏,一直持续到2009年。
2006年11月	公交车内展览,在77辆公交车内展览了儿童的画作。
2006年11月	五年级学生开始去英国学校交流,一直持续到2009年。
2006年12月	《东西小学规则手册》完成,印刷了1 300册。
2006年12月	四年级学生参观了公园里专业画家的作品。(综合学习时间·图画和手工科)
2006年12月	五年级学生与委员在任学校附近的一个幼儿园的儿童进行交流。
2007年4月	町内会议的公告板上增加了学校运营协议会的信息。
2007年5月	该地区传统的音乐演奏活动(OHAYASHI)成为了学校的社团活动。
2007年7月	暑期计划开始,各年级约20人参加学习会,并分别有23人申请学习做灯笼,33人申请做树木调查,34人申请学图画和手工,44人申请读书,43人申请学英语。
2007年9月	协助孩子们学习的志愿者进行算数、国语课的教学辅助工作,共有25名家长参加。
2007年10月	三年级学生的"店员体验"活动(综合学习时间),体验场所由3位委员协助提供。
2007年11月	社区学校推进事业研究发表大会。
2008年4月	为制作、分发《东西小学规则手册　日历版》做准备。
2008年8月	申请暑期计划的一共有365人。活动包括抹茶时间、喂养小猫、畅游在森林中、观察星星、去英国学校交流、东西小学学习会等。

* 调查者据东西小学学校运营协议会的相关信息做成。

3. 引入学校运营协议会的过程

在成为地区运营学校之前,东西小学利用综合学习时间做了很多的研究,但是,江藤校长上任时仍是感觉东西小学还有一些问题存在。据校长讲,当时东西小学的老师对跟地区居民及家长进行合作的态度比较消极,而且他觉得"孩子们并没有处在一种良好的状态"。

学校环境也是如此。在西门附近有个不算漂亮的老池塘,东侧的墙壁是水泥墙,让人感觉就像在监狱一样。江藤校长曾在其任职期间抱有"环境造就人"的强烈想法积极开展校园绿化。可以看出,他想改善东西小学的环境,但是又感觉到"在这样一所传统学校,即使自己想改变学校也不会有效果"。

同时,他也在思考"把什么作为东西小学的特色好呢"这一问题。校长就任时就问过老师们什么是东西小学的特色,但是,老师们的回答都不一样。他说道:"虽说东西小学确实有一些特色,但是在老师之间并未达成共识,而且似乎也没有得到传承。"正在为不知道怎么办而烦恼的时候,教育委员会正好就设置学校运营协议会一事进行意见征询,于是校长就想利用这个机会来解决学校的问题,2005年就设置了学校运营协议会。

4. 学校和学校运营协议会的对立

关于学校运营协议会的"定位"

学校运营协议会引入之际,东西小学的老师们就开始了精心的准备。首先其引入要得到学校评议员*的同意。因为学校评议员很有可能担任学校运营协议会的委员,所以如果评议员不支持的话,协议会的运营也不能顺利进行。

然而,协议会制度刚成立,围绕协议会的定位,教师们和一部分委员之间就产生了意见分歧。校长和教师对协议会的定位是"促进教师与居民、家长合作的组织",而一部分委员认为则协议会应该就是"理事会",是"评价和审查学校教育的组织"。

更有甚者,据说有的学校运营协议会的委员,并不考虑老师和儿童的实际情况,就想要改变教育内容。原教导主任藤田先生说道:"如果允许这种行为的话,那就糟了,我认为绝对不能让这样的事发生。"

---

* 译者注:根据2000年的学校教育法实施规则改定版立法。其中第39条规定,根据学校设立者的意见,可以设置学校评议员,学校评议员应校长请求表达对学校经营的意见。学校评议员必须是该学校教职员工以外人员,并对教育事业有所理解、有一定见识,经校长推荐,由小学设立者任命。

以解决分歧为目标

面对学校和学校运营协议会之间产生的分歧,学校应该如何处理呢?当初,江藤校长认为"地区应该是协议会的主体",所以一直听取委员们的意见,但是,当看到有的委员根本不看实际情况就对学校大加批判时,他决定一定要得到协议会运营的主导权。从那以后,就开始按照学校的意见对学校运营协议会的意义进行定位。

例如,在 2005 年提出地区运营协议会的基本理念的基础之上,第二年江藤校长就提出了运营理念的提案,并在协议会上得到认可。提案当中所确定的运营协议会基本理念是"为了让我们所爱的每一个孩子都绽放笑容,我们应该齐心协力,共同创建社区学校",运营理念是"我们每一个教职员,都要以乐观、积极、主动的心态去帮助我们的孩子,要创建能使孩子们获得自我实现的支援体制"。

当然,校长之所以可以取得主导权,离不开学校运营协议会会长对校长和老师的支持。原教导主任藤田老师这样说道:"学校运营协议会的委员拥有任命教职员的人事权利,有的小学出现了由协议会会长指挥校长的情况,但是,我们的会长知道那样办学是不行的。有这样能够与校长和老师的想法一致的会长,真是一件幸事。"

得到协议会主导权的江藤校长和老师们为了让委员们能够正确了解学校的实际,下一步开始致力于向委员们介绍学校的真实情况。

例如,专门教绘画和手工的柴田老师,积极组织教师与委员共同参与合作型教学活动。其中一个是 2005 年举办的学生住在自己用纸板做的房子中,在体育馆过夜的活动。活动过程中,柴田老师也积极鼓励委员们去帮助孩子。

孩子们获得了委员的帮助,比如说把纸板分隔等。从那以后,有的委员好像有了与学生一起合作的意识,而且与老师的关系也有所缓和,他们也会越来越疼爱孩子们。(柴田老师)

5. 开展委员、地区居民、家长共同参与的教学活动

就这样,随着教师与委员合作活动的开展以及学校运营协议会的多次召开,委员们对学校的认识和态度也逐渐发生了变化,在这种氛围下,产生了涉及委员、地区居民和家长在内的多样化的教学活动。例如利用综合学习时间进行的"地区资源教材化"活动(2005年),以及用儿童的作品装饰公园的活动(2006年)。在后一项活动中,正好有一位学校运营协议会的委员是主办此活动的NPO法人代表,于是直接参与了该活动。另外,也有委员参与我校与英国学校交流的活动。

此外,在2008年给六年级学生进行职业教育指导的活动中,邀请了各行各业的人士来校作报告,有位委员也被选为讲师。在这次活动中,本校教育协调员中的一位女士向校长提议让委员作为发言人,这位女士以前是东西小学的学生家长,她认为委员通过参加这样的教育活动,可以更加深入地了解学校和儿童的实际情况。

2006年编成的《东西小学规则手册》(草稿),可以说是老师和委员们共同合作的结晶。这个小册子包括"一定要认真听完别人的讲话"、"要使用'积极的语言'"等22项规则,都是根据教师的提案,在征求学校运营协议会委员、家长、儿童的意见之后做成的。这些规定广泛运用于东西小学学生的生活指导当中,除

了每月会在教室里张贴两个规则作为生活指导的"月目标"之外,还在三年级学生远足时用作指导。

江藤校长说道:"当被教育委员会问及我校在学力调查中能够维持高水平的秘诀时,我的回答是《东西小学规则手册》。正因为这本手册,孩子们变得能够认真听别人讲话了。"[2] 2008 年,这本书还出版了日历版。

> 在完成《东西小学规则手册·日历版》之后,我们还开展了一项教育活动——让孩子们把《日历》赠送给自己想表达谢意的人。通过这一活动,孩子们向当地居民做了宣传,然后,这些内容就可以作为大家共同的价值观而得到更广泛的传播。(江藤校长)

就这样,一个个愉快的、充实的教学活动就产生了:

> 通过引入学校运营协议会,孩子们所期待的活动就可以很轻松地做到了。虽说中间的过程很曲折,但是进入正轨之后,就开始一步步顺利地运转起来。(柴田老师)

前任教师伊藤先生、上村先生这样说道:

> 引入协议会之后,与校外人士打交道的机会激增。刚开始的时候会觉得有困难,但是随着交流的增加,发现这也很有趣,那也很有趣。我们学校积累了很多其他学校所没有的经验,我们的人脉也更广了。(前任教师伊藤先生)

> 特别是上课和学习的范围扩大了,除平时的课以外,还有周六学校、暑

期学校等等,我感觉一年当中都有学习的地方。(前任教师上村先生)

6. 总结——带来改变的三个重要因素

引入学校运营协议会使得东西小学的教学活动得以改善的原因可以归纳为以下三个。

校长的问题意识和意义定位

学校运营协议会引入的背景是,当时江藤校长明确认识到了教师的封闭性、儿童的实际状况以及学校环境等问题,为了解决这些问题,他把学校运营协议会定位为"促进教师与地区居民、家长进行合作的组织"。另外,为了让教师和委员能够共同接受这种意义定位,他还提出了基本理念和运营理念。

学校管理人员以外的人才发挥领导作用

在学校运营协议会引入的过程中,学校管理人员以外的一些人才发挥了领导作用,作出了很大贡献。例如,在让学生用纸板做房子,在体育馆过夜的活动中,柴田老师对委员的参与起到了很大作用;在实施职业教育指导时,有一位教育协调岗位的女士积极地向校长提案,要求委员的参与等行为也有一定的积极意义。

相互学习

东西小学的校长、老师以及委员通过学校运营协议会的活动进行相互学习。一方面,学校方面与委员之间发生纠纷后,开始意识到学校掌握地区运营学校主导权的必要性,以及委员正确认识学校实际情况的重要性。另一方面,委员通过出席协议会、参加教学活动等方式,对学校的实际情况和联合举办教学活动的意义也有了一定认识。

这样一来,在委员、教师以及孩子之间建立起来的温暖的人际关系网就可以传递给整个地区,教师们也可以创造出多种多样的教学活动。

注释

1. 2008年4月1日。文部科学省HP"关于社区学校的指定情况"。http://www.mext.go.jp/a_menu/shotou/community/003.htm(2011年11月9日最后访问)。
2. 2009年8月28日江藤校长在东西小学运营协议会开幕式时的致辞。

第9章
突破"改革困难中坚校"实现变革——北部高中的改革

1. 县立北部高级中学概况

如今,根据所招学生中考成绩水平的高低,高中也在进行排名,本章将要分析的学校——县立北部高级中学(以下简称北高中)的学力水平处于标准的平均水平,本章将这种高中称为"中坚校"。后文将会提到,中坚校属于难以进行改革、不易发生变化的学校。

北高中地处大都市,拥有着70多年的历史,徒步十分钟就能到达最近的地铁站,交通十分便利。这是一所全日制、男女学生共校的普通高中,学生数约为800人。包括校长、副校长、主干教师在内,一共有50来名教师。

北高中里几乎所有的学生都有参加社团活动,学校也经常举办各种活动,自由开放的校风代代相传。但是,本校长期以来存在着高考成绩不佳、学生们纪律不良等问题。每年考入国公立大学的学生寥寥可数,300多人进入私立大学,20—60人考入私立短期大学或者专科学校,另外会有数名学生选择就业。

以本文将要分析的学校改革为契机,北高中提高了本校入学考试的难度,一直到现在,该校还维持着高于同县其他高中的入学竞争率。在改革之前,虽然有几位老师以个人或团体的形式试图改善学校存在的教育问题并付诸实践,但是进行学校整体改革却十分困难。究竟是发生了什么促使学校整体,即"作为北高中"进行改革成为可能、并成为现实的呢?本章将寻根溯源进行分析。

此次研究主要采取的方法有对教师进行访谈、收集相关资料、观摩公开课和公开教研会等。访谈方式为个别访谈：笔者亲自到北高中以及曾在北高中工作过的教师的现工作学校进行访谈。访谈对象首先为管理层教师，我们分别从北高中原先存在的问题、改革的过程、在改革中他自身发挥了怎样的作用等方面对其进行了访谈，同时还询问了在改革过程中教师队伍的整体变化，以及哪些教师是改革的核心人物等问题。但是，作为核心人物的教师并不都是一开始就积极支持改革的，因此在对核心教师进行访谈时，主要询问他们在改革前和改革过程中所采取的措施、当时学校教师队伍的氛围与状态、大家如何看待管理层教师的领导等问题。本章对于北高中的研究时期为2001—2007年。

2. 目前的高中教育政策与问题

本章将从笔者的问题出发，分析至今为止围绕高级中学（公立）实施的政策、高级中学学校组织的特征以及存在的问题，通过这种分析，希望读者理解在高级中学推行学校改革并非易事，尤其是在北高中这样的中坚校，要推行改革更是难上加难。

高中教育政策的特征

根据文部科学省《2011年度学校基本调查》，我国（日本）现如今的高中入学率为98%，并且从2010年4月开始，公立高中不再收取学杂费，也就是说，我国的高中教育进入了准义务教育阶段，这也就意味着，能力、个性、兴趣、关注点、发展方向各不相同的学生都被吸收到了高中。

现行的高中教育制度始于1948年,从那以后,高中教育根据社会变化与时代要求反复进行摸索与改革,主要的趋势是往"多样化"的方向发展,所谓"多样化",从字面上来讲,就是"准备各种各样的教育'菜单'"。

最近十几年,伴随着少子化倾向加剧,全国各地的高中纷纷进行改组与合并,同时,为了应对以大城市为中心出现的私立高中热、公立高中冷的现象,各地区的教育委员会都倾力于公立高中的改编与特色校的建设。例如,有些地区设置了前所未有的新式高中,包括"初高一贯制学校"、"综合学科"高中(被称为有别于普通科、职业科的"第三学科"[1])等。另外,在学校教育的第一线上,不再进行整齐划一的教学,而是重视每个学生的个性、兴趣与关注点,尽最大可能去满足学生的需求,令课程设置更为"多样化",并让学生拥有选择的权利。

但是至今为止,针对高中进行的教育改革政策并未辐射至整个高中教育体制之中,不是所有的学校都得到了改善,具体来说,存在以下三点问题:

第一,在政策上成为改革对象的只是一部分高中,仍然有许多高中并未发生转变,也不见改善。下一节将会介绍到,中坚校作为数量比例最大的高中,却与一直以来的改革无缘。

第二,五成以上的学生会升学进入四年制大学(根据文部科学省《2011年度学校基本调查》),因此对于大多数的高中而言,要进行升学准备。为了提供能够实现学生和家长所期待的未来发展的教育内容,教师作为主体参与实践是个先决条件,而且必不可少,但是这并非易事,改善空间还很大。

第三,和中小学相比,高中有着自己特有的困难。比如说,①教师人数较多,组织规模较大,平均每个学校中(公立学校)的教师人数为:小学19人、初中24人、高中48人(根据文部科学省《2011年度学校基本调查》);②教师并非全科教师,而是以教科为单位,具有高度的专业性,因此,教学囿于所学专业;③逃避改革的教师数量较多(对于新事物持消极态度);④教师不断地在不同的高中间调动,因此每位教师的经验也具有多样性。也就是说,即使在一所学校内部,教师的指导能力、指导方法也存在很大差别;⑤管理层教师所能发挥的领导作用有限。

遗留课题——被忽视的中坚校的问题

总体来看,中坚校占据了日本高中的最大比例,是最为普遍的存在,也被称为"典型的/平均的高中"[2]。东京都对于中坚校的定义是:学生具备一定的学习能力,但是重点大学的升学率并不高,且学校里由于学习或生活方面的基本能力低而中途退学或学习很困难的学生不多,属于全日制普通高中。虽然进行了概念界定,但事实上很难划清范围与提供客观的指标[3]。倒是本文提及的北高中,学校老师们都强烈地意识到该校属于中坚校。相比所谓的"升学学校"、"教育问题校(学生指导困难校)",中坚校好像并不存在很大的问题,但是事实绝非如此。

比如说,东京都教育委员会的学校运营联络协议会曾针对"中坚校"进行过问卷调查,根据调查结果可知,在学校教学活动的评价上,学生、家长与教师之间存在着巨大的差别:学生与家长对学校教育现状持否定态度,而教师们全都做出了肯定评价[4]。由此可见,尽管现实中学生们的能力与个性极为不同,但是学校在开展教学活动时并未充分了解每个学生的教育需求。由于学生具备一定的学习能力,学校的招生录取率与大学升学率也没有太大的落差,因此中坚校的教师难以形成危机意识与改革欲望[5],引起改革的问题或课题很难在教师中形成共识,可以说,中坚校是"难以改变"的高中。

在这样的一所学校里,究竟是什么原因促使他们改革了呢?下一节我们将进行分析。

3. 北高中的改革过程

改革前的北高中存在的问题

2002年,出任北高中校长的木下先生强烈意识到学生在纪律方面出现了问题——奇装异服(男生穿着吊裆裤)、发型奇异、女生们化着当时流行的山姥妆[6]、迟到缺席等无时间观念的学生很多。"这些学生并不代表全体,也有认真学习的孩子。但是这些学生的存在使得学校的整体风气变得不好。"(篠原副校长)另外,邻近的初中有着这样的说法:"如果进入北高中,那就考不上像样的大学了。好不容易在中学阶段培养到这种程度,一进北高中就毁了。"(木下校长)当时北高中的升学率呈下滑趋势,毕业生的发展情况也处于低迷状态。

曾任北高中主任的田村老师是北高中在校资历最长的老师,根据他的描述,在改革以前,尽管学生们在入学之前有一定的基础,但是教师们在学生的素质能力提升方面毫无帮助;热心于教学的教师寥寥可数,而且这些教师都是出于个人的责任感,学校只能依靠这些努力的老师们。

在这背后,在教师队伍内部有一个心照不宣的想法,那就是"让发现问题的人(教师)自己去努力吧,发现不了问题就可以什么都不干"。在北高中自由、尊重自主性的校风之下,很多老师放任学生自流的情况被正当化,教师们消极指导的态度也得到了默许。

对于教师而言,这种状态十分自由轻松。据保田主干教师讲,当有教师要从其他学校调动至北高中时,都会被同事祝贺一句:"太好了——那里(北高中)是个轻松的地方。"(保田主干教师)因此,本应该在学校整体中进行的指导,出现一部分老师会执行,而另一部分老师不执行的情况,要构建团队性、有组织的指导体制十分困难。

被压制的实践——由部分老师率先改革

即使在这样的状态下,也存在着一部分教师试图改变学校的尝试。例如2001年,浏上老师作为年级主任带领着负责一年级的教师们进行了改革。

在年初,这些老师就制定了指导方针,力图重点强化基本的生活指导(比如要求学生守时等)。当时有很多时间观念淡泊的学生影响了正常的教学活动,因此这一指导方针较为容易地得到了老师们的理解。很偶然地,这些老师有了共同的问题意识,而他们也都想要寻找能够支撑起松散的学校教师团队的支柱。但是,这些老师在开展行动时要尽量不引起其他老师的注意,这是因为他们要留意其他年级老师的视线。他们认为,为了不引起连形式化的指导都不愿意进行的其他年级老师的注意,进行改革活动不能太过招摇。

在当时的北高中,明确地意识到学生存在的问题并积极地进行指导的老师还只是少数派,他们得不到任何支持,因而他们也不得不承认自己处于"少数"的劣势地位。也就是说,由一部分老师进行的指导改善活动并未对其他大多数老师产生影响,这些改革也仅仅存在于浏上老师所在年级的教师队伍中。

教师对校长领导的抵触

木下校长从学生们的状态中发现了问题,他一上任便着手进行改善活动。

但是,当要求教师们进行教学改善时,大部分老师的反应是:"学生和家长对北高中都很满意,没有必要进行改善吧。"虽然木下校长与教师们的意见冲突,但是他并未放弃,而是亲自设计了改革实践方案,不停地向老师们进行提议。

> 我把教育委员会制定的县立高中改革政策、周围学校对于北高中的负面评价都坦诚地和老师们进行了沟通,我一直在呼吁老师们不要再逃避了,并且将所有的信息公布于众。(木下校长)

谈起当时的情形,保田主干老师说道:"(校长)雷厉风行地推出了许多超出老师们想象的改革实践。"比如说,他提议了许多方案。由于这些方案并不一定都代表老师们的意见,当时有很多老师都无法理解校长倡导的改善方法以及设计目的和实行的必要性。以下为木下校长提议的改革方案:

- 周六开展讲习。
- 变更课程内容以应对国公立大学的升学考试。
- 设置国公立大学考试实验班。
- 对初中、补习机构、预科学校进行宣传。
- 响应教育委员会推行的学校经营支援政策。
- 推行两学期制。
- 制定"制服"。
- "实现有纪律的自由"(充实生活指导)。

虽然教师们对校长的怀疑和抵抗情绪特别强烈,但是木下校长从未改变贯彻改革的决心,他自身的个性与强大的教育信念在背后发挥了作用。恰巧当时县教育委员会推出了一系列的政策来强化校长的领导权限。关于此,浏上老师如是评价:

与其说我们是看不惯校长的行为,倒不如说我们是反感教育委员会的方针(重视校长的领导)。很多老师把二者混为一谈。

4. 克服改革困难现状的过程——4个重点

从2003年开始,北高中发生了大规模的人事变动,这是因为县教育委员会将北高中选定为学校经营支援政策[7]对象,使得该校公开招募的人事制度得以实现。报名这个支援政策项目后,要经过教育委员会的选拔才能正式成为政策对象,而选拔的机制是对该校的管理层以及主任层面的教师进行书面和口头调查,以了解老师们报名的动机及热情。为了顺利通过选拔,在进行报名时,校长与主任级别的教师们必须要对学校存在的问题以及改革形成共识。在与主任教师们多次沟通后,木下校长了解了学校的实际状态以及普通教师们的想法,而主任教师们对于木下校长的想法也有了充分的了解。

在同一时期,教育委员会设置了主干教师岗位,开始进行选拔工作,而北高中正好有想要应招的老师。对此,校长说道:"校内有老师想要成为主干教师,(教师队伍)的氛围开始发生转变,既然这样,何不索性报名支援政策项目呢?"于是,校长下定决心要报名教育委员会推行的学校经营支援政策项目。

促使教师团队氛围发生转变的一大要因是,校长努力地想要克服与教师们的意识冲突,不断地对教师们提供支持。在与教师们进行谈话时,对于自己能够接受的提议,木下校长都会向教育委员会进行汇报,要求教育委员会进行改善。回顾往事,木下校长说道:"大概是上任一年后,暑假快要结束时,我感觉到教师们(对我的)态度变好了。这应该是因为大家看到了我的努力。"

不仅如此,木下校长还率先行动起来,开始对学生进行指导。元主干主任田村老师回忆道:"当时校长说:'总而言之,就从我开始干吧'。"田村老师表示,在北高中工作这么多年,从未遇到过这样的校长,"我当时觉得'这个人不一般'"。

虽然委托教师们对学生开展升学指导,但是却没有得到响应。在那个时期,木下校长身体力行,由于自己具有理科教师资格,他便开始对学生进行理科补习。亲眼目睹了校长行动的教师们中出现了受到触动的人:"(校长)好像动真格的了,既然如此,我也加入吧。"(保田主干教师)

教师团队的逆转形势

在木下校长报名学校经营支援政策项目的同时,他提出了学校发展前景构想,具体是以下"三大支柱":

- 重视升学策略——对国公立大学的招生考试制定相应的升学策略。将学校定位为"中坚"升学学校,以回应学生、家长以及外部的期待。
- 振兴社团活动与学校活动——通过充实社团活动与学校活动,培养学生对于学校的归属感并激发学生的活力。
- 实现有纪律的自由——改善学生的纪律意识,让学生学会守礼节、遵从社会常识范围内的礼貌。

这些规定是在充分了解了学生家长、学校外部对于高中教育、北高中教育的要求与需求的基础上提炼出来的,它们体现了木下校长从教以来形成的教育理念与教育信念,即"如果学生形成有纪律的生活态度,那么学习态度也会更为端正,自然而然地就会改善学习、提高发展成绩"。但是只强调纪律是不够的,在此之上木下校长还追求有别于其他学校的特色,他认为"在(北高中所在的行政区中)处于中坚上位的学校里,全面实施生活指导的学校还十分罕见"。

"三大支柱"可以说是支撑教师的判断、行动、教学活动的基本框架。但是关于这一构想,校长并没有与老师们进行过直接的、充分的讨论。巧合的是,很多老师表示,这一构想符合自己对于学校发展前景的理解,以及自己一直以来想要进行的尝试。关于这一点,保田主干教师从家长的角度出发评论道:

> (家长们)希望孩子们能够愉快地度过高中生活,但又希望老师们认真地进行一定程度的生活指导,完了(毕业后)还希望孩子们能够进入一所比较像样的大学,这些要求看起来互相矛盾,但是他们就是为了实现这三点要求才把孩子送到公立学校里来的。北高中就是把家长的这三个心愿作为学校发展的三大支柱。

对于濑上老师来说,校长提出的发展前景构想对自己领导的改革团队起到了支持的作用。濑上老师表示,校长提出"三大支柱"后,团队开展工作时顺利了很多。最初还属于少数派的老师们不再举步维艰,积极进行改革的老师成为了校内的"多数派"。形势发生了逆转,改革派占据了优势地位。

建立引导教师参与组织、进行改革的年级团队

为了推进学校的改革,改组校内组织体制成了当务之急。在北高中的改革过程中发挥重要作用的两个组织应运而生:一个是"项目委员会";另一个是被称为"改革一期生"的年级团队。

首先是"项目委员会"。这个委员会是在 2003 年 4 月份成立的,其前身是由一批心怀北高中的老师们构成的"北高中思考交流会",探讨北高中未来的发展方向。关于"北高中思考交流会",保田主干教师作了如下介绍:

> 很多新人(特别是刚调动到北高中的)对于课程与生活指导存在困惑。大家认为"如果再这样下去,北高中会成为只重视社团活动的高中",因此有人提议成立一个思考会。

拥有官方身份的"项目委员会"是大家探讨学校各部门权责之外话题的场所,只要是与学校发展相关的话题,都可以进行探讨。该委员会的成员包括除年级主任以外的学校各部门主任、主干教师以及管理层人员,一共十人。"大家聚在一起七嘴八舌,提出了各种各样新颖的想法与建议"(篠原副校长)。作为学校教学活动的策划母体,即使在后来木下校长调离了北高中,项目委员会也一直发挥着重要的作用。

> 必须要把学校建设为大家共同思考的学校,当然,提出建议的是具体的个人。但是校长一意孤行的时代已经结束了,每个人都可以向项目委员会提交自己的议案,在项目委员会内部大家会进行深入讨论,然后将具体内容分配到相关的年级或部门。(保田主干教师)

从保田主干教师的话里我们可以知道,成立项目委员会为教师参与学校改革、学校建设提供了基础保障。

其次是"改革一期生"年级团队。这个团队由负责 2005 年 4 月入学新生的教师们组成,在这一年,井上校长接替了木下校长的职务。"改革一期生"的年级主任是藤泽老师，浏上老师也属于这个年级团队。藤泽老师参与过之前提到的浏上老师的先导改革团队，可以说，两个人共同合作了6年，一起处理相同年级的教学事务。"改革一期生"年级团队根据"三大支柱"，正式开始推进学校改革实践，在北高中的学校改革中具有先导作用。藤泽主任以之前浏上老师的年级主任模式为模型，一边寻求浏上老师的帮助，一边着手开展年级管理活动。

年级团队采取了前一年木下校长提议的新型教学实践方式：导入周六授课制、改变课程、设置国公立大学升学实验班（2个班级）、实施研讨会集训、导入两学期制、变更生活指导方针（实现"有纪律的自由"），等等。这些活动的计划与实施都是由年级团队自主组织，部分原因是木下校长调离学校，年级团队不得不依靠自己的力量开展改革。有一份回忆记录里写道："我们没有可以参考的前例，学生和老师都处于紧张状态之中……就这么不顾一切地……既然把孩子们交给我们了，我们就只能硬着头皮上了。"[8]

负责"改革一期生"的教师们从每一项实践的定位开始，讨论所有活动的目的和意义。并不是所有老师的教育理念、价值观都是一致的。但正因为有不同的发声才要彻底地进行议论，才形成了挑战新实践的勇气[9]。

在摸索着进行新的实践的同时，教师们感受到了学生的成长与变化，这让大家为之鼓舞，原来一切都是有价值、有回报的。正因为这是新的改革，才使得大家体会到了原有模式所不能带来的充实感和成就感。藤泽老师回顾道：

> 渐渐地，很多学生开始遵从学校的指导教育。教师们纷纷表示："要尽力把能做到的事情都做了。"大家都觉得没有什么事情是没有意义的。当然，我们十分辛苦，但是我们所付出的都从他们（学生）身上看到了回报，真的很有意思。

从他的话里，我们可以感受到，老师们积极地对学生进行指导，而学生们也对老师抱以信任，大家都尽力地开展着学习活动。

引领着学生与学校的教师们

伴随着改革的深入发展，"改革一期生"年级团队以外的老师们也开始积极地围绕教学活动展开各种各样的讨论。

例如，有的老师会将自己在从教经验中形成的指导方法分享给其他老师。崎野老师和其他的主科老师就商量着要在全校实施新的教学实践，崎野老师曾经在"升学型学校"[*]任教过，而在北高中能做升学指导的老师并不多，因此他想要将自己在"升学型学校"任教时积累的经验分享给大家。

崎野老师的提案虽然只在他所在的学科开展，但是这表明，教师们已经开始掌握主动权，积极地将对学生有利的指导方法与指导内容推广到自己所在的学科，甚至全校出现了要求跨越学科组织、带动全校的努力实践。"我能给孩子们什么？对于孩子们来说这是好的吗？"（崎野老师）老师们开始进行反思，并将这些反思运用到实际生活中去。

另外，教师们在进行实际的教学指导时，所考虑的对象变为了"学校整体"。关于这一变化，泷泽老师说："以前在进行实践时，出发点一般是个人或者所在的年级，但是现在我们采取行动时，都会考虑要使学校整体得到改善。"

就这样，教师之间形成了改善学校的共同愿景，"作为北高中"整体的改善活动也使学生们发生了变化。篠原副校长这样说道：

---

[*] 译者注：国公立大学以及名牌私立大学升学率较高的学校。

从成绩上看,目前生源的学力水平较之往届没有任何变化。并不是我们招收了更高素质的学生,而是与往届生同等学力的孩子们理解了老师们的改革,积极地报考了北高中。

5. 总结——学校改革的艰难状态及其得以克服的要因

主动实践的积累

所谓学校改革举步维艰,是指在学校中推行改革十分困难,改革处于停滞状态。浏上老师带领的团队曾试图改善北高中存在的教育问题,但是由于背后没有支持力量,他们只能暗暗地进行努力。

从这件事中我们可以推测出克服艰难状态的一大要因是支持,只有当有改革意愿的教师得到支持或者说是背后有推力时,改革推进的可能性才会大大提高。

北高中的改革得以实现,木下校长的赴任是一大转折点。上任初期,面对着对改革持消极态度的教师们,木下校长颇具腕力地施行自上而下的改革,但这并没有调动起教师们的积极性。起到重要作用的是在报名教育委员会的学校经营支援政策项目时,木下校长与主任教师们进行了充分的沟通交流,形成了一定的共识。这一过程使得木下校长通过主任教师得知教师们的想法,并将他们的想法纳入到了学校未来发展前景的构想中,使得校长提出的"三大支柱"与一部分教师所进行的实践活动相融合。

换句话说,浏上老师们暗暗进行的实践改革与"学校的发展愿景"相衔接,拥有了正当性，同时教师们的意志和实践受到鼓舞，也使他们意识到，为了推进自己努力至今的改革，要配合校长的领导，使得双方获得共赢。

上文中也提到过，高中教师的人员构成更为复杂，数量也相对庞大，但这也意味着，在校内或者年级单位内，教师发挥主体作用进行改革的潜在可能性也很大。如果抑制这种可能性，那么学校会陷入改革艰难状态，因此鼓舞教师，让他们服务于学校整体的改革就显得十分重要。

确立合作意识

另外，北高中还存在着另一个问题。学生们有一定的学习能力，高中的招生入学率和毕业生升学就业状况也没出现过较大的落差，因此很难唤起教师们的危机意识。但是木下校长一上任就发现了学校的危机状态："学生入学时明明有较高的学习能力，但是为什么毕业时（与其他学校相比）会有这么大的差距？"一些教师也发现了学生们的资质与能力没有得到提升。如果没有发现并掌握学校存在的问题，校长与教师不能共同解决问题，那么改革也就无从谈起。

但是只做到这些还无法克服改革艰难的状态。即使是一直有着改革热情、认真主动地进行指导的教师，也有需要改善的地方。他们需要改变仅仅着眼于自身或所在年级教育改善的狭隘观念，并将其扩展为考虑整个学校的教育改善意识，在进行实践时，要考虑"对学生而言什么才是好的"、"为了改善整个学校整体应该做些什么"。

也就是说，在改善学校教育时，教师之间要确立合作意识。在不同的高中教师团队中，有着不同的秩序与方向，为了克服改革的困难状态，推进学校改革的发展，就必须深入教师内部，让每一个教师都形成面向教学改善的合作意识。

最后，对于教师而言学校改革究竟意味着什么呢？藤泽老师给出了他的答案：

> 所谓学校改革，就是将至今为止教师个人积累的实践转化为学校整体的实践。推进学校改革的原动力是自己费尽心思的工作得到了真真切切实现时的快乐。这也许就是我们"实现梦想的星光大道"。[10]

在北高中进行改革的过程中，面向学生征集了改革口号，最终采用的是："实现梦想的星光大道——努力的汗水、感动的泪水、北高中有着我们的真心。"希望学校改革无论是对于学生还是对于教师而言，都能成为"实现梦想的星光大道"。

注释

1. 《高等学校设置基準》第五条规定，高级中学的学科分为"1. 以普通教育为主的学科；2. 以专业教育为主的学科；3. 选修普通教育以及专业教育课程的综合学科"。
2. 托马斯. P. 罗连(友田泰正译)《日本の高校—成功と代償—》，同声出版社，1998年，第15—56页。1974年到1975年，罗连曾经在神户市的5所高中进行过现场调查，当时他把神户市立大谷高中视为"典型的"、"平均的"公立普通高中，并有如下描述："大谷高中的老师们能够明确表示的一点是，学生们的水平都是平均的或者是有代表性的。大谷高中是一所学术型高中（普通高中），学生们学习的是未来升入大学的一般科目。从整个神户市的所有高中来看，大谷高中可能居于上等地位，但实际上，其优势并不明显。与大谷高中类似的高中，'目前在日本是数量最多的'。"
3. 关于"中坚校"的定义，见东京都教育委员会《中坚校对策检讨委员会报告书》，2002年，第1页。本章中关于"中坚校"的定义，不是用"升学率在80%以下"等客观的、具体的数字可以表示的。关于各都道府县高中的排名，比起一些客观数据，可能学生、家长、教师、教育委员会以及地区居民的主观认可更加重要。另外，教育委员会已经认可了各种各样中坚校的存在（同报告书，资料1）。因此，用一些客观指标来定义"中坚校"是非常困难的。本章中的中坚校指的是得到教育委员会与该校老师共同认可的学校，其中北高中就是这样的一所"中坚校"。
4. 东京都教育委员会，前言，第3—4页。

5. 东京都教育委员会,前言,第2—3页。
6. 头发染成茶色,以斑驳的白色发网罩住。脸用粉底涂成黑色,嘴唇涂成白色。眼睛周围有白色标志,粘上假睫毛。因其像可怕的山姥妖怪而得名,流行于1999年前后。(参考自《現代用語の基礎知識2000—2002年》,自由国民社出版)
7. 这项政策自2003年实施,以中坚校为起点,在那些被期望进行改革的学校中,每年选取15所左右的学校(也包括综合高中和职业高中),从人力(公开招募型人事制度的实施)、物力、财力等方面进行为期3年的重点支持。
8. 北高中第60期学生学年团队负责小组《走向创新的探索-学年团队的目标何在?-'学习小组活动和学校活动,认真培养能够参与这一切的北高中学生'》,2008年。
9. 北高中《創立70周年記念誌》。
10. 北高中《創立70周年記念誌》。

第四部分　何为变革学校的新生力量

第10章
"系统性思维"——以"深度"和"广度"把握问题

1. 阻碍学校变革的原因是什么

本章主要运用美国组织学专家彼得·圣洁（Peter Senge）所倡导的、被称为"系统性思维"（systems thinking）[1]的把握问题视角和思考方式来探讨可以促进学校发生改变的各种条件。

要想明确"可以促进学校改善的条件"，首先要知道在当今学校或者学校系统内，"阻碍学校改变的要因"是什么。为此，我们先要寻找一下运用"系统性思维"来把握促进学校改变这一活动的特征。在理解了这一问题的基础上，进而探讨包括学校在内的现有组织机构容易陷入的各种问题。

我们想象有一所学校（或者叫做一个组织机构），该学校可以是现在你所在的学校，也可以是过去你曾任职的学校，想一想那所学校有没有如下所示的各种特征：

① 每个教师都只关注自己的日常工作和责任，对于学校整体应面对的问题漠不关心。

② 把工作失败的责任，推卸给不是自己所属的学校内外的其他部门。

③ 学校发生新问题时，首先采取表面行动，而不是认真把握问题的实质。

④ 面对学校所发生的问题，认为肯定有一个什么明确的原因。

⑤ 无法有效应对那种慢慢渗透的、潜在的危机。

⑥ 在考虑解决问题的时候，比较重视过去的经验。

⑦ 期待教师生涯长、专业性也高的校长、副校长以及其他管理职位的老师来解决问题。

可以看出，①②两项所反映的学校状况是教师不能关注其与同事、家庭和社区等周边的关系，教师相互间也不会关注彼此的工作和责任，这导致了组织机构所面临的课题只能从个人的角度和水平来被解决处理；③～⑥所反映的学校状况是，将可以改变学校的解决方法以单线型、直接的因果关系加以引导，以至于只能短期性、表面化地应对组织机构所具有的问题；⑦可以想象得到，将责任推卸给管理职位的老师，每名教师都在设法去逃避发挥领导力的骨干作用。

彼得·圣洁将具有这种特征的组织机构看作是基于"近代工厂模式(Industrial-age model)"的组织，并对此表示出强烈的批判态度。他认为在"近代工厂模式"的组织机构中，运用的是"以流水作业、官僚体制、对症下药为基础的机械性，或者叫做还原主义"[2]思维，这种思维方式在日新月异、复杂性越来越高的现代社会是无效的。

彼得·圣洁还明确说，要认识到将学校变成能够解读和应对其周边各种变化的组织机构，换言之，即"学习型组织"的首要条件是"系统性思维"，这是非常重要的[3]。所谓"学习型组织"即"能够将各层级职员的意愿和学习能力激发出来的组织"[4]。

"系统性思维"可以简单地概括为"通过自由转换视角，从各层面去观察事物之间的关系，并从整体的看问题的方法"[5]。更细致地解释"系统性思维"概念就是面对组织机构的变革，能够将组织所抱有的问题和解决问题的最佳点（英语中使用了具有'杠杆'意义的 leverage 一词）"原模原样"地予以把握的认知框架,以及提供那种思维方法的实践性途径。这种"原模原样"的视点非常重要,其最大的特征在于把问题从"深度"和"广度"的视角加以重新把握。下边将围绕着这两点展开论证。

2. 以"深度"把握问题——问题的"四重结构论"

一个问题的特征如果需要运用"系统性思维"来把握问题的第一个特征是,我们所能认知的问题其实是多层次构造的,即认识到了所有问题都是具有"深度"的。圣洁以冰山做比喻,将我们所确认的问题分成了四个层次。如图6所示,问题的四个层次从上层开始分别是:①事件;②习惯、倾向;③组织整体构造;④思维模式。

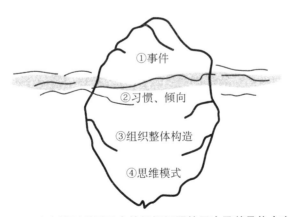

图6　冰山模型所显示出的把握问题的层次及其具体内容

把握问题的层次	把握问题的视角
事件	出现了什么具体现象？
习惯、倾向	发生了什么事情？过去有没有发生过类似事情？
组织整体构造	同样的事件多次发生的惯性在哪里？
思维模式	能够容忍同样事件多次发生的组织成员的真实想法是怎样的？

作者根据 Senge, P. et. al. 2000. Schools That Learn: A Fifth Discipline Fieldbook for Educators, Parents, and Everyone Who Cares about Education. p80 绘制。

①事件是指组织成员能够很容易看到的、实际发生的现象；②习惯、倾向是指和现在所发生"事件"相类似的倾向和组织内部过去发生过的现象；③组织整体构造是指引起了②的力量和要素构造；最深层的；④思维模式，指能够容忍这种不良现象持续发生的组织成员的思维方式。

在这四个层次中，我们一般只是看到冰山表层的①事件，而对于其他层次的存在则往往关注不到。

这个图所要告诉我们的是，我们所面临问题（即我们把握处于表面"事件"层面的问题）的背后，隐藏着复杂的结构关系，如果我们不从最深层的思想模式下手改革，那么对于组织来说就不能走向从根本上解决问题的途径。

换言之，组织中的问题总是解决不了，是因为我们只停留在问题最表层的"事件"上，没有深入到最深层的人的思想模式这个层面上。

3. 以"广度"把握问题——系统内部各要素的循环反馈

如前所述，"系统性思维"认为，如果不是从组织成员处理问题的方法入手加以改善的话,就不能够应对组织所抱有问题的本质。但是我们怎样才能从纷杂的问题中理出头绪呢?为此,我们还要清楚"系统性思维"的第二个特征,即以广度来把握问题。

圣洁将那种"广度"方法以"反馈圈(因果关系)"的形式表示。所谓"反馈圈"是指描绘组织内部各要素之间因果关系的环状图,并通过俯瞰环状图来寻找改善组织整体切入点的思路。以往的组织改造理论是将因果关系限于一定的时间和空间范围内,是一种直线型的思路,与之相对,"反馈圈"是将因果看作是一种环状影响力的循环。

为了进一步说明这种思路,我们设想一个学校课堂管理的情景。一般来讲,课堂是以一位老师和上课的学生们的关系作为立足点的,因而我们在进行课堂改革的时候,往往是针对当事者双方的师生来探讨改善方法。这种把握问题的方法正是直线型关注因果关系和寻找解决途径的旧的思维方式。

那么,我们学校各年级的教育实践真的是只考虑在场的教师和学生就足够了吗?参照图7可以看到,围绕着学校教育活动,"教室"、"学校(或者地方行政)"、"社区"和"全世界"四个系统相互发生作用,因而可以确认的是,处于教师和学生之间的课堂这一"事件",实际上是受各种主体直接、间接作用的。

这说明,我们不能将学校内各种事物的发生和结果都单单归因于学校。各学校在进行学校改革时,应从有效的物资调配和场景设定这一视角出发,关注自身所处的周边关系。

我认为,从某种意义上来说,活用了地区教育力量的地区运营学校(或者叫社区学校)和支援学校的地区组织等一系列新的举措都可以被视为真正要把握学校与周边相互关系、并要灵活运用这种关系的实践行为。

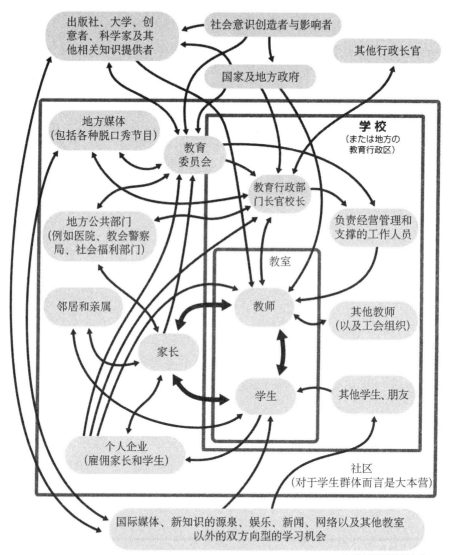

图7 与学校教育相关的背景关系图

作者根据 Senge, P. et. al. 2000. *Schools That Learn: A Fifth Discipline Fieldbook for Educators, Parents, and Everyone Who Cares about Education.* p17 绘制。

4. 从"系统性思维"看学校变革的条件

1998年,中央教育审议会答询报告《今后地方教育行政的应有状态》明确了"要保证学校的自主性和自律性"之后,日本掀起了基于校长管理的具有创意的教学活动和特色学校建设运动。2000年以后,减政放权、择校运动和学校评价等所谓"新自由主义"特色的政策实施,对各学校更是提出了具有个性的改革要求。那之后的10年左右,社会环境也发生了很大改观。现在,市面上各种介绍学校(或者是学校与研究者共同)改革的举措,并分析其成功要因的书籍大量发行,这一现象也成了以上改革的佐证。

但是,虽然以各学校为基础单位的学校改革得到加强,但是学校果真成为改革的责任主体了吗?另外,被认为是"好学校"的教学活动通过书籍等得到广泛宣传,不少人开始研究"好学校"所具备的条件,然而,就算是知道了那种条件或者是筹备了许多那样的好条件,那些条件对于其他学校的改革到底具有多大的功效呢?

参照之前我们讨论过的彼得·圣洁的学校改革理论可知,学校要发生变化需要以下几种条件:

第一是面对学校改革,改变对自身问题的把握方法。要知道,阻碍学校改革的障碍并非浮在表面,以冰山模式来看,教师所共有的思想模式(冰山的最深层),即问题意识和把握问题的思维方法才是阻碍学校改革的最大原因,改变这个阻碍要因是最为重要的。

第二是将各学校的实践活动置于社区与学校之间相互影响的关系之中加

以把握。左右各学校改革的环境在不同的学校表现不同,为此,我们应该知道,为了促进学校变革,比起"好学校"的条件,认清本学校周边环境更为重要。

第三是要强化支持关系网范围内改革的教育委员会的作用。要想做好基于"系统性思维"的学校改革,就要全面审视学校内外的主体以及各种资源的联系,构建面向学校教育目的的(更确切地说就是教室里的教学活动)充实的关系网,进而思考其关系网内的改革方法。但是要做到这些,单单依靠学校自行把握和构建是非常困难的,需以各地教育委员会为单位,开拓改革思路,教委要以成功改革为目标,开展适合于各学校的行政支持工作。为了更好地发挥教育委员会的这种作用,今后以教育委员会为对象的条件建设将成为重点问题。

5. 致力于实现可持续性学校改善

"系统性思维"明确指出,要进行学校改革,不应仅限于组织结构和条件改善等硬件方面,还要注重改变学校教师对于事物的把握方法和想法这种软件方面的巨大作用。

但是笔者对于"改革到底是什么"这一命题思考得越深越感受到:与如何采取行动使学校发生变革相比较而言,如何促进学校以更好的姿态接近学校的目标,开展持久性的改善活动才是最重要的。"系统性思维"一方面提醒我们要留意因时间流逝而产生的条件变化,另一方面也指出了把握组织周边的影响关系的重要性。

学校是不断变化的,面对变化,学校又是可以有效地予以应对的组织,这正是运用了"系统性思维"的学校改革的意义所在。

注释

1. 系统性思维是彼得·圣洁在其1990年的著作 *The Fifth Discipline: The Art & Practice of The Learning Organization*（日语译著『最強組織の法則 新時代のチームワークとは何か』）中所提倡的将原有组织改革成"学习型组织（Learning Organizations）"的一个必要条件，这是在美国也被普遍接受的一个观点。
2. Bierema, L. 2003. Systems Thinking: A New Lens for Old Problems. *The Journal of Continuing Education in the Health Professions*. Vol. 23. 2003. pp. S27 - S33.
3. Senge, P. et. al. 2000. *Schools That Learn: A Fifth Discipline Fieldbook for Educators, Parents, and Everyone Who Cares about Education*. New York: Doubleday. 2000. 该书为彼得·圣洁所著，旨在指导学校变成学习型组织，本章主要以该著作内容为主要素材。
4. Senge 1990, op. cit., p. 4.
5. 枝广淳子·小田理一郎『「システム思考」教本』，东洋经济新报社，2010年，第2页。

第 11 章
教师的主动参与和学校领导力

1. 从变革学校的过程能够看到什么

要想改变学校,我们应该怎么做?

对于这个问题,一般我们的直接反应是"首先校长要发挥强大的领导作用",但是,从第三部分中四个学校的案例来看,改变学校的过程并非那样容易,虽然作为学校最高责任人,"校长的领导力非常重要",但是这一过程中会有各种人物各种情况,他们都在不同的节点发挥着作用。

教师间的多方沟通

促使教育实践发生变化的思路产生于个人的实践活动,在这过程当中,个人的想法有时会引起其他教师的共鸣,或者将他/她们卷入其中。我们注意观察这些节点会发现,构建一个以教师自身的实践活动为主题的交流平台和机会意义重大。

例如中津小学(参照第6章)的事例讲述了一个校本培训低迷停滞的小学,通过工作坊和课堂研究小组开始了重建校本培训体系的探索。促进学校变革的一个环节是三个教师的外出考察。在考察的归途中,三位教师不由得各自打开胸襟,谈起了中津小学的校本培训,由此,他们感到在探讨新的培训模式的过程中,教师自身也会得到提升和改变。虽然他们的这种心情和想法在考察汇报会上没能言尽,但是通过和其他教师的日常交谈和实际的研修活动,他们的想法不知不觉地在校内得到了传播。

北高中(参照第9章)的例子就更容易理解了。这个学校的改变表面上看是通过校长强有力的领导达到的,但是该校长期以来所形成的组织文化的作用也是不可小觑的。校长确实是位精明能干的人,县教育委员会的政策也在很大程度上强化了校长的改革意志,但其实许多教师当时是反对县教育委员会的,对校长也有极大的抵触情绪。

另外一部分教师则基于学生的实际情况展开了课题研究,他们的举动完全出于自身的思考。在这一过程当中,他们的想法也会和校长的改革意志相遇相交,如此,就成了学校改革的巨大动力。更多的教师不断地拷问自身的学生观和教育理念并进行实践层面的改进,这种力量是来自教师集体内部的力量。

笔者和曾任东京都立高中校长的内田睦夫氏有过几次交谈,他于2001年作为全日本首位"民间人校长"* 就任于东京都立高中,2005年退休。他说过这样的话:

> 当我初入学校这一职场,让我最吃惊的是老师们之间的交流竟然如此不充足。

据内田校长讲,"在校老师"之间并不认为他们疏于沟通交流。但是,作为校长刚来到学校就发现了在学校组织中本应该是最重要的事项,却被教师们忽视了的事实。这种状况一般校外人士看不出来,校内人士也因为时间已久不易

---

* 译者注:在被聘请为学校校长之前,相关人员在民间企业工作,没有学校教学经验。

察觉,因此,他感到非常惊讶。

我们都知道,教师工作繁忙,多种繁杂的事情同时进行,有时还要应付学生受伤等突发事件,很难有时间大家坐在一起安心地交流。学校的定期例会也不能保证每次都切入学校最为重要的话题,也就是教育实践改善问题,大家都是在忙乱中度日,猛然间才发现,作为教育实践者,自己并没有对最为重要的事情展开交流。抱有这种问题的学校有很多,这个问题实际上不是教师"独立",而是教师陷入了一种"孤立"的状态。

内田氏在其著作中写到:"企业领导的想法必须明文化,以便所有参与工作的人理解。因而,中层领导在做出工作指令时,工作人员马上就能理解,'啊,科长说的就是那个事情'。"[1] 明确了领导的意图,每个员工就能以此为依据,做好本职工作。但是学校不同于企业,老师们即使不明白校长的意图,也可以管好自己的课堂、班级和教室等,对于这种情况谈不上好坏。

但是,要想进行学校改革,就要打破那种各自封闭的状态,哪怕只是少数老师之间,也一定要有交流,并以此为契机形成交流的平台。横向、纵向、斜向等等多方位的交流,可以促使老师们在价值观和有关基本层面上相互改进,这种举动意义非凡。

社区力量和家校联合

要想改变学校组织文化,社区居民和家长们的力量至关重要,当然了,学校教育依靠与社区居民、家长以及毕业生、退休教师等的协力、支持系统,这件事情本身并非新生事物。

一直以来,如果将学校教师的力量叫做"学校组织力"的话,那么其以外的、例如学校周边的社区所发挥的力量就可以叫做"社区教育力"。近年来,将这种存在于社区的支持系统或者模式叫做"社会关系资本"(social capital),这一概念颇为亮眼,但是,"社会关系资本"的意涵和使用方法多种多样,相对于以往的学校与社区、家长的关系的重要性来说,笔者也说不出它到底给我们带来了怎样的新视野。比如即便"我们在调查'好学校'的情况及改革背景时,得知该学校拥有丰富的'社会关系资本'"[2],"那么怎样才能建构那种'社会关系资本'"这一疑问并没有得到解决。

回首过去,日本大多数公立学校都非常重视和社区的关系,但是当今社会要求的是通过教育政策,将过去那种"草根"生长出来的学校与社区的亲密关系以另外一种形式加以联结[3]。

胜山小学(参照第7章)是建立在一处地缘、血缘关系都非常淡薄的新建小区的学校,建校时正值临时教育审议会(简称临教审,1984—1987年)成立之后,在终身学习政策下大力奖励"开放学校"的时期,特别是1996年,学校和社区的联合运动会走上正轨,中央教育审议会(简称中教审)发布了"完全学校双休制度"决定,学校、家庭、社区三方分别承担教育责任、加强合作的呼声愈发强烈。时代发展到了政府向学校和社区居民、家长提出了共同协作、共同承担教育孩子责任的阶段。

胜山小学虽被指定为终身学习实验学校,但该校与社区和家长的关系并非处于良好状态,教师们的心不是很齐,学生旷课现象日增。起初校长提出举办联合运动会时,教师们极力反对,是在后来的探讨过程中,大家才逐渐认识到这样的活动对于他们重新认识学生、指导学生具有积极的作用。另外在社区方面,居民们认为联合运动会不应仅仅停留在娱乐上,还应该在孩子教育的问题上积极与学校合作。老师们通过与社区居民讨论,更加认识到了家校合作的必要性,从而能够反思学校的问题和教育的应然状态。

如上所述，胜山小学的情况是社区居民、家长"参与教育"的学校改革实例，而东西小学（参照第 8 章）则是社区居民"参与学校管理"的案例。东西小学的学校管理协议会由社区居民和家长等代表组成，2004 年制度化以后，该小学由教育委员会指定成为"个别学校"，这种学校统称为"社区学校"，到 2011 年 4 月，全日本有"社区学校"789 所。学校管理协议会对于学校管理的基本方针享有表决权，也可将对学校教师的任免意见反映给教育委员会。这些在学校管理上的权限，对包括学校领导层在内的全体教师都具有威慑力。

东西小学是在教育委员会强有力的指导下接受"社区学校"指定的学校，为此以校长为中心，各方面都做了精心的思想准备，但即使这样，该校仍然在"参与管理"方面存在着一些矛盾。消解这一矛盾、推进教育实践改革的契机是学校采取了掌握教育活动主导权的态度，并与社区居民、家长共同着手教育实践。也就是说，基于学校协议会的活动，促成了学校老师和社区居民间的新型合作关系。

大约 10 年前，笔者在一次有 30 余名中小学学校管理层人员参加的自主研讨会上，提出了以下问题：

大家觉得"开放学校"是为了什么？

研讨会的主题是"建设开放学校"，多名代表围绕着自己的学校如何与社区、家长建立联系做了经验介绍，随后大家做了热烈的交流。讨论告一段落时，笔者直接抛出了上述的问题。

当时会场的反应令我非常意外，有人一下子呆住盯着一点看，有人低头不敢看我……就这样沉默了好一阵子。主持人见状急忙指名几个人回答，但是答案都是不切纲领的。

其实，当时笔者也在想"是否问了不该问的问题"，但之后马上转换心情，作

了以下讲话:

> 如果我被问到为什么"开放学校"的话,我会回答为了提高孩子的学习质量。假如'开放学校'不能提高孩子的学习效果,甚至会带来负面作用,那样的开放就没有意义,也没有必要开放。但就自身而言,我认为"开放学校"能够给课堂教学和提高学生的学习活动质量带来正面效果,因此,我想思考的是什么样的开放方法才是必要的。

随着政府推行的终身学习政策的渗透,以支持学校的志愿者为首,社区居民、家长们"参与教育"的活动不断增加,这一切促使了学校和社区的距离大大缩小。因而,如第1章所述,作为"学校问责"的相关政策措施,社区居民、家长们也加入到学校管理和学校评价中。"开放学校"的做法可以说是应时代需求而生。

但是,这样做一定要与能够提高孩子们的学习质量相衔接才有意义,而起到衔接作用的正是学校的组织力。学校老师作为教育专家要发挥主导作用,面向教育实践的改善,积极建构与社区各种力量的合作关系,这个过程是非常关键的。

2. 促进变革的"教师主动参与"

教师工作中不可或缺的创造性(creativity)

学校教育的改革,多数情况下含有对学校、对老师的批判意味,就如第1章中介绍的教育改革国民会议上的委员的发言,他并尚未充分理解学校事务,却用辛辣的语言批判学校。此外,从第3章中出现的学会上一线教师的诉说中,我们也能看出由于学校管理层本身对于组织、管理的理解不到位,削弱了教师的工作热情。无论如何,通过这些事例我们可以看到,要想变革学校,教育实践者——教师的主动参与是不可或缺的。

众所周知,学校最重要的业务就是上课。一般人会简单地认为上课就是把"正确"的知识和技能提纲挈领地教授给学生,其实不然。如果真是那样的话,我们就可以先把教材上的专门知识掌握好,之后再学习为了传播那些知识的高效技能就可以把课上好了。可现实不是这样的,授课是由非常复杂多样的要素组成的一个流程。

学生并非单纯的"被动者",每一孩子都有他自己的生活经验,是具有个性的、能够独立思考、独立行动、独立学习的"主体"。因此,一节课上,如果有40名学生就会产生40种不同的学习过程。如此一来,每节课中都可能有多名孩子同时出现各种突发状况,而这些状况又很可能会纠缠在一起。此时,教师需要随机应变才能使课堂维持下去。

在第4章中也涉及了,教师的工作常常面临着不确定性和不可预测的困境,需要一种特别的忍耐力。因为课堂不是把握一种既定的、一成不变的情景的活动,它是由多种复杂因素融合产生的"预定外局面",需要老师积累更加合理的决策意识,和学生共同完成教学活动,这是一个创造性的过程。

换言之,为教师们预备能够发挥他们各自创造性的新型平台才能够唤起教师的改革意志。

通过胜山小学和东西小学的实例可以看出,原本老师们对于学校和社区的合作并非持有积极的态度,但是在得到重新审视教育实践的机会以后,他们每一个人都主动参与并创造着新型的教育活动。中津小学以撰写研究报告和WS

中的协议为契机,老师们主动思考自身的问题并投入到新的实践活动之中。此外,北高中的事例讲述了少数老师低调地积累实践经验,最终与学校整体发展愿景相结合,从而促进学校改革的方式。

正如第5章所述,教师的主动参与就是说,要创造出让每一个教师都要具备"只要自己带着问题意识和解决思路,就一定能做出些什么"这一想法的状态。教师带着自豪和自信投入工作,在教育实践中发挥创意,这才是支撑学校变革的动力。

教师主动参与引发"相乘效果"和"创新"

"组织"这一用语总有限制、压制个体自由的感觉,这种理解下的"组织"是不能凸显教师主动参与的。

正如笔者在第2章中论述的那样,作为"第一线的意识决策者",每一位教师都必须把学校当成相互之间有机联结和互相支持的组织来看待,笔者将这种组织比喻为"网络"型组织,在那里,并非管理者牵引着大家朝着一个方向发展,而是每个教师在各个岗位上发挥骨干作用,使得各种驱动力合为一体,从而促使组织整体向着一定的方向发展。

"学校组织力"并非是把教师嵌入某个固定的磨具来生产标准产品。每一名教师都能和学生一起通过思考和创意来不断创造新的教育活动是学校赖以生存的源泉,是学校教育的重中之重,并且离不开每一个教师的个性和创造力。笔者在第3部分讨论的四个学校案例都是在教师得到信任并被赋予了权限的情况下发挥了创造性,围绕着教学实践的教师间的交流也随之被激活了。

每个组织里拥有具备不同能力和个性的成员,我们基于组织管理的基本资源——人、物、资金,再有效地组合成员们的经验、信息、知识、想法以及能力等,就能够产生超过各要素单纯相加所具有的价值之和的更大价值。我称其为"相乘效果"(snergy)[4]。

要说明的是,"相乘效果"归根结底还是遵循以往的做法,只不过是比过去的效果更高或者说是更大一些。而变革组织文化的过程则需要在"相乘效果"之上具备"创新"(emergence)意识。

创新是组织成员间交流和相互激励的结果,是超越了基于一般常识的设想的全新想法和思路,是因此获得了飞跃性成果的戏剧性变化[5]。例如物流产业的快件寄送、零售业界的24小时便利店、视听媒体机器中随身听的诞生就是典型的例子。

另外,创新也不仅仅是资源和知识的简单组合,它没有计划性,反而是各种人和资源在混沌状况下同时产生作用的过程,可以说是偶发性的。因此,组织管理者也无法完全操控它。

但是,我们可以有意识地去激发[6],其关键环节就是组织成员之间的交流,即与组织活动相关的信息和知识的相互交流。但如果交流是一种传送者和接受者根据一定的地位和职务而产生的固定交流的话,创新是难以发生的。当我们遇到以往从没有过的问题时,就要借助不同立场不同视角的人的多方经验和知识,通过大家的意见交换来获得个人所无法想到的解决思路,这才叫做创新。

学校组织是要诱发教师的自主性和积极参与的意愿,促进教师们进行经验和知识的交流,以此来实现创新。无论是工作坊型的校本培训、学校和社区联袂活动的探讨,还是公开课研讨,都不是单纯地向着"计划好了的方向"的交流,而是要创造教师们能够自由广泛地拿出各自思路的机会,这是需要明确的。

3. 变革学校的"学校领导力"

关于"领导力"

本书中介绍的四个学校案例使读者对学校的变革过程中校长发挥的领导力量印象深刻。但是我们还应注意到校长所发挥的领导力与其周边的各种要素之间的关系是复杂多样的。

笔者在第1章中提到，今年的教育改革要求校长发挥更强有力的领导作用，例如要求"校长要自行制定学校发展目标，更要有带动教师员的能力"。但是，上述领导力果真就是校长领导力的最佳表现吗？好像还不能确定。

基于本书所介绍的4所学校的案例，我们看到了通过"网络"型组织观念促进多方交流，并由此构建"共同愿景"的优势，但如果我们一味地强调校长的"领导力"的话，就会影响我们真正去理解并接受学校变革的过程。

还需注意的是，尽管近年来我们更加频繁地看到"学校领导力（school leadership）"这一个词，但一般局限于学校管理研究者之间的研讨。本书希望其他与学校相关的人也能够理解对于学校来说领导力的重要意义，因此在本书接近结尾之际再次提及这个话题。

原本"领导力"这一用语的界定解释繁多，不同研究者都有不同的定义，而笔者认为金井寿宏氏的比喻较具说服力[7]。

"展示所描绘的蓝图、明确所行方向，对所展示的方向持赞同态度的潜在拥护者欣然追随,并开始实现蓝图"时,领导力这一社会现象就应运而生了。

以上比喻中包含了"应该实现的蓝图"、"展示蓝图的人"、"欣然追随的人"等因素,并且"社会现象"这一用语中,蕴含着人际关系相互作用的意义。

特别应当注意的是"欣然"这一表达。"领导力"在得到大家的真正接受并"欣然"行动时,才能成为"领导力"。"唱独角戏"的话,是称不上"领导力"的。

设想如果校长天花乱坠地将其所描绘的蓝图说给教师们,而作为教育实践主体的教师都把它当作"别人的事情"漠不关心的话,那就是"领导力"没有效用。当然,现实中也有许多老师会有"反正忍耐2至3年,就会有别的校长来了"这样的想法,采取着无所谓的态度,这时校长的"领导力"就没有得到真正的发挥。

本书所讨论的四个学校案例中的大多数教师真正主动地投入到了新的教育实践创新活动中,从中我们发现校长所描绘的蓝图真正被教师们都当作"自己的事情"而接受其实是一个相互影响相互作用的过程,所谓"领导力"就是起到这一系列作用的现象。笔者希望大家真正理解"领导力"。

"学校领导力"的意义

2010年,赫然以学校领导力命名的专著《学校领导力》出版[8],其中心论点是"校长领导力"问题,但为什么不直接命名为"校长领导力",而要使用"学校领导力"呢?这一用语的积极意义,我们未必读得懂,但以下两点值得我们特别关注。

第一,该书作者之一的小岛弘道氏强调了这样一种态度:"为了构建自律性学校管理体系,在建设学校时我们需要关注学校的发展方向愿景以及策略。"[9]如果需要再细致解释的话,即各所学校不应当屈服于教育行政和来自学校外部的压力,而要认真思考本校所应该前进的方向。

第二,另一位作者渊上克义氏也特别提出了"领导力即是作为领导和下属之间的相互影响关系"的观点[10],其意义前面的章节已有论述了。

笔者就职的筑波大学,设有以培养和培训具备高度专业能力教师为目的的研究生院。2006年4月,硕士课程经过改组之后新设"学校领导力开发专业"。笔者在那里一直承担着"学校领导力论"的教学课程。当初我对这个新课程名称本身就心存困惑,后来在授课过程中,特别是通过和包括在职教师在内的很多研究生们的交流中才逐渐意识到了"学校领导力"这一概念的现代意义。

关于"学校领导力"这一概念,我们应该注意从两个侧面加以把握,即"基于学校的领导力(leadership by school)"和"学校里的领导力(leadership in school)"。

"基于学校的领导力"意为对于各种"外在因素",各学校所采取的独立性和自律性。它对于教育委员会来说是作为"教育"机构的存在,对于社区来说则是作为"教育家"集团的存在,小岛弘道氏的论述基本上就是这个主张。

而"学校里的领导力"则作为组合学校组织内部的价值观和基本前提,从而建构共同愿景,领导力就是要发挥这种组织作用。不少人觉得权限下放到学校的越多就意味着校长的权限就越大,因而在学校里,校长可以发挥更大的权威。其实,这种想法是很短视的。学校作为一个组织需要具备协调性,但这种协调性不是依靠校长权力的扩大来建构的,而是要求校方比以往任何时期都更用心于构建校内交流网。

由此可见,构成"学校领导力"的这两个侧面无论是"基于学校的领导力"还是"学校里的领导力"都不是单方面发挥领导力。为了创造出能让对方"欣然"

与我朝着同一方向前进的效果,加强各方的交流是必不可缺的。

笔者对"学校领导力"概念的理解,并非是笔者的一己之见。

其实这一概念早在 1986 年的全美州长会议(National Governors' Association)上就被明确提出,且是在教育改革分组会上作为改革关键概念被提出的(时值美国教育改革,处于自上而下体制向自下而上体制进行转变的过程)。分组会上,大家围绕着教师之间的关系、教师与校长的关系,或者说是能与教师进行积极的相互交流的支持型校长与教师之间的关系等展开讨论,最终表示应该提倡通过推进学校结构的变革来促进教师领导力的发挥。

从那以后,美国在扩大学校权限政策的推动下,大多数研究者和政策制定者开始关注"校长领导力",并进行了与此相关的制度改革,各学校校长也开始反思作为校长的作用。通过这一系列的改革,校长的作用发生了变化,即将学校所有当事者(教师、家长、社区居民等)的价值观和问题意识作为起点,为形成学校发展的共同愿景,促进双方或者多方的交流,提高校内的协调性。换言之,要求校长发挥促进性协调性的领导力[11]。毫无疑问,上述校长领导力论,是与依靠教师领导力相关联的,我们要重新认识到这一环节的重要性。

4. 积累"变革学校的力量"

"变革学校的关键在于校长的领导力",对此不少在学校工作的人都深有感触。但是,无论是多么优秀的校长,除非他就任一所全新的学校,否则他很难从一开始就依据个人的理念和信条来着手于学校建设。因为每一所学校都有其固有的学校历史底蕴,都扎根于各个社区和孩子们的生活。

在这个过程中,每所学校形成了各自特有的组织文化。可以说当一名校长来某学校赴任之初,这种学校的组织文化是凌驾于校长办学理念和管理手腕之上的。因此即使你现在是处于学校经营管理的首要位置、拥有校长权力,想"改变学校"也不容易做到。

另外,直接一点地说,谁也无法保证校长就总能发挥好其领导力,有时候恰恰是校长的存在阻碍了学校发展。在这种情况下,依靠校长以外的其他成员的参与来推进学校改革也是极有可能的事情。

这样看来,变革学校的力量并非取决于特定人物(包括校长在内)的单方面的力量。变革过程也不是完全可以按照计划和预定进行的,它是在多方因素的相互作用下形成的。

近年来,在美国的学校工作者之间流传着这样的论调"学校是领导的共同体(community of leaders)"、"校长是领导中的领导(leader of leaders)"。换言之,学校领导力并非校长独占,而是分散(distributed)在每一个学校成员身上,是大家共有(shared)的东西。当这种组织作用得以充分发挥时,学校就可以朝着理想的方向发展。

如上所述,大家也许会以为笔者是一个校长领导力的否定论者,其实不然。笔者所主张的是,正因为是校长,才要与其他教师、社区居民和家长站在不同层面上,把握学校组织的现状和未来,充分发挥校长的领导力。

第10章中介绍的彼得·圣洁的"系统性思维"给了我们一个很重要的启发。即当教师终日疲于应对眼前的工作,家长通常只考虑自己的孩子,社区居民不能保证总能思考学校和孩子们的事情时,就需要校长站在可以用具备"深度"和"广度"的大局观来把握学校方向的位置上。当然了,校长一个人所描绘的愿景毕竟是其个人的所思所想,不是学校"共同愿景",因此,能够将学校每一名教师的问题意识融会贯通并达成"共同愿景"的整个过程是具有深远意义的。

忙于教育实践的人对"这所学校的孩子们有什么问题"、"在这所学校里我们应该实现的个人价值是什么"等问题未必能够静下心来梳理、诠释。正因如此更不能断言他们就没有问题意识和愿景。所谓的问题意识和愿景必定会在每一个人的教育实践活动中展现出来。为大家提供可以相互表达和交流的平台以及机会才能够提高要改变学校的教师们的主体性和意愿。

在瞬息万变的当今社会,学校所处环境变得越来越复杂。鉴于那么多不稳定和不确实的社会要素,让人愈发感觉到单靠个人力量是难以描绘出蓝图的。再加上变革组织文化更是一项极难的工作。

变革学校的力量是需要与之相关的每一个人从各自立场出发去发挥领导力并进行凝聚积累的过程。

注释

1. 内田睦夫《突破力》,三五馆,2005年,第44—45页。
2. 例如稻叶阳二《ソーシャル・キャピタル入門》,中央公论新社,2011年。
3. 详细请参照滨田博文《学校・地域関係の変容と再構築に向けた課題》,田中统治、冈本智周编著《共生と希望の教育学》,筑波大学出版会,2011年,第200—213页。
4. 唐泽昌敬《カオス時代のマネジメント》,同文馆出版,1999年,第14—15页。
5. 同上,第14—16页。
6. 同上,第17页。
7. 金井寿宏《リーダーシップ入門》,日本经济报社,2005年,第22页。
8. 小岛弘道、渊上克义、露口健司《スクールリーダーシップ》,学文社,2010年。
9. 同上,第33页。
10. 同上,第71页。
11. 关于美国教育改革及其校长作用的变革,请参照滨田博文《「学校の自律性」と校長の新たな役割》一艺社,2007年。

后　记

也许有一些学校管理学研究者在合上本书之后，会感叹："内容上没有什么新颖之处嘛！"笔者也很清楚本书所涉及的关键词对于相关领域的研究人员来讲根本没有什么新鲜的。但对于奋战在第一线的教职员工而言，这些词语却又是陌生的。我相信本书内容一定会给那些既要每天忙于日常教学实践工作，同时还胸怀学校未来、希望把自己工作的学校也建设成为"好学校"的一线教师们带来"新力量"。

本书的出版是笔者上述心愿的一种实现。对于我来讲，本书的完成既是"挑战"也是"冒险"。

所谓挑战是指该书的出版是让在此之前没有机会接触到"学校管理学"的朋友能够人手一本《变革学校的新生力量》，切实感受到什么是"学校管理学"的一种尝试。包括笔者自己曾经的论著在内，学校管理学领域的讨论通常是闭塞而又自负的。事实上有关学校管理学的知识、讨论都被限定在了研究人员、相关专业领域的学生和一部分学校管理层的范围之内。因此，我想扩大交流圈，让更多"希望学校变得更好"的人都能参与其中。于是，我将曾经刊登在学术性杂志上的论文重新整理，归入到本书第三部分，虽然案例学校的学校种类并不是太丰富。

另一方面，我有时会疑惑：自己的摸索和心得到底能有多大的通用性？因为我常常会在指导研究生时、在参加中小学的课堂观摩研究会时、在进行教师培训时感到自己的不足。也许本书中也出现了一些不足或是令读者难以理解的内容。这一点只能归咎于笔者自身修行不够了。明知有上述风险却还进行挑战、出版了这本书，这也就意味着冒险。

我还有一段个人经历想跟读者们分享。我曾经做过1年某公立小学家长教师联盟会的会长，理由很简单，就因为那一年我家3个孩子同时在该小学上学，我实在是没有办法推诿（而当时该校没有人知道我是搞教育学研究的）。在那一年里，我到底去过多少次家长教师联盟会的会议室和校长室，连我自己都记不清了。除此之外，还要加上校外会议及一些学校活动项目，总之我是彻底理解了家长教师联盟会工作的不易。但是幸运的是，该校校长是一位值得尊重的老师，也正由于担任了会长，所以我跟该校老师们也有了更多的接触。

又过了两三年时间，当时的不少小学老师调到了其他学校。而当离开原工作单位的老师们回来拜访老校长、聚餐时，大家竟还不忘叫上我。当喝至半酣，大家正在畅谈当时学校的一些课题时，有位老师高声对我说（当然，此时大家都已经知道我是搞学校管理学研究的了）："滨田，你仔细看好啦。这就是'好学校'。你们这些学者天天讲一些晦涩难懂的东西，总之，所谓'好学校'就是'这样'的！"

这一场景异常清晰地印在了我的脑海中。在第三者来看仅仅一句"所谓'好学校'就是'这样'的"，实在是语焉不详。但这一表达无论是对在场的十几名曾经一起共事过的老师而言，还是对于我这个曾经有过频繁出入该校经验的家长而言，都是涵义清晰的。能听得出来那位老师在"学者"之前使用了修饰词"你们这些"，其实是对包括笔者在内的研究者们的一种指责。但我更多的是为与这些老师们建立起了可以当面批评对方的信赖关系而感到欣慰。

还有就是一些读者可能会对本书中"更好的方向"等比较暧昧的语言表达抱有疑问。本书的确无意用客观精确的数字来论证什么是"更好的方向"。本书关注的是一所被教职员工和其他学校相关人员所公认的"向着更好方向发展"的学校，其"在向着更好方向发展的过程中，是什么（译者注：条件、要素）、怎么发生变化的？"的问题。因此，本书中的案例分析重点在于追溯不同学校曾经发生了的变化过程。

需要说明的是,本书第三部分的4所学校案例是由不同作者根据自己的研究兴趣点所进行的个人研究成果。本书并不是从一开始就确定了共同研究题目然后进行分工执笔,而是大家各自根据自己的问题意识展开研究并获得了研究成果之后的集合。本书的作者们在同一时期曾经作为研究生在一起学习、一起讨论,经过不断的切磋琢磨大家相互受到启发、有所创新,最终合著了此书。这一过程也是一大幸事!

末笔,对于给予此书出版以大力支持的小学馆出版社平川晃先生以及在编辑过程中献计献策的KARABINA公司和西智哉先生表示衷心的感谢。同时,由于本书的出版灵感源于我在2007年至2009年的3年里受邀执笔《综合教育技术》杂志的连载专栏——"如何改善'普通公立学校'",所以借此机会我也要向当时跟我约稿的该杂志社桥本照美编辑表示感谢。

通过本书的出版,期待与广大"希望学校变得更好"的读者进行交流。

滨田博文

2012年2月

作者简介

滨田博文,教育学博士,现任筑波大学人间系教授。1961 年生于日本山口县下关市,1989 年筑波大学研究生院教育学研究科博士课程学分修满退学,同年任职于日本鸣门教育大学,1992 年任职于东京学艺大学,1998 年至今任职于日本国立大学法人筑波大学。主要研究领域:教育管理学、教师教育学、学校改革。

多年来一直从事教育基础理论和实践研究,先后获得日本教育管理学会的研究奖励奖和学术研究奖。任日本学术会议合作会员、日本教育学会法人理事代表、日本教育管理学会理事(2015 年 6 月至 2018 年 6 月期间任会长)、日本高中教育学会会长(2018 年 7 月开始至今)、日本教师教育学会常任理事、日本教育行政学会理事、公益社团法人日本家长教师联盟会全国协商会顾问、社团法人儿童未来援助团理事。主要编著有《学校経営研究における臨床的アプローチの構築》(2004 年)、《「学校の自律性」と校長の新たな役割》(2007 年)、《变革学校的新生力量》(2012 年)、《アメリカにおける学校認証評価の現代的展開》(2014 年)、《講座:現代の教育経営全 5 巻》(2018 年)。

执笔原著导言、第 1 章、第 3 章、第 4 章、第 5 章、第 6 章、第 11 章。

川口有美子,教育学硕士,现任日本公立鸟取环境大学环境学系副教授。近年来的主要研究论文有《地域創生に資する市町村と県立高校の連携・協働に関する一考察—過疎地域の高校をめぐる課題の特質—》(2018 年)、《学校改善と組織文化の変革》(2019 年)。执笔原著第 2 章、第 9 章。

作者简介

　　横山刚士，教育学博士，现任日本国立大学法人金泽大学副教授。近年来的主要研究论文有《教育イノベーションの継続的採用を促す組織的要因の検討―学校と地域の連携による合同運動会の定着過程に関する事例研究―》(2005 年)、《教員の労働と学校部活動》(2018 年)。执笔原著第 7 章。

　　大林正史，教育学博士，现任日本国立大学法人鸣门教育大学副教授。出版个人学术专著《学校運営協議会の導入による学校教育の改善過程に関する研究》(2015 年)。执笔原著第 8 章。

　　照屋翔大，教育学硕士，现任日本国立大学法人茨城大学教育学研究科副教授。近年来的主要研究论文有《アメリカにおける学区を単位とした認証評価(accreditation)の研究― AdvancED の「学区認証評価」を中心に》(2011 年)、《アメリカにおける「学区を基盤にした学校改善」の考え方と実践―学区事務局のリーダーシップに着目して》(2015 年)。执笔原著第 10 章。

译者简介

张扬,教育学博士,现任国立大学法人北海道大学助理教授。原籍山东枣庄。2009 年毕业于日本兵库县立大学,获得环境人间学硕士学位,2013 年毕业于日本筑波大学,获得教育学博士学位,2013 年至 2015 年期间先后在东京学艺大学和筑波大学从事博士后工作、东京学艺大学教职开发合作中心助理教授,2015 年 7 月至今任职于北海道大学教育学研究院。主要研究领域:教师教育学、教育管理学、高等教育制度、中日比较教育研究。

先后主持和参与日本国家级科研项目 5 项,任日本教育管理学会国际交流委员委员、日本教师教育学会课题研究委员、日本高中教育学会北海道支部委员,在中、英、日学术杂志发表论文 30 余篇,近年来出版日语版个人学术专著《現代中国の「大学における教員養成」への改革に関する研究》(2014 年),合著《教師教育研究ハンドブック》(2017 年)、《現代教育改革と教育経営》(2018 年)。

负责原著导言、第 1 章、第 2 章、第 3 章、第 4 章、第 5 章、后序、原作者简介的翻译及译著全文的审校。

黄宇,教育学博士,现任北京师范大学国际与比较教育研究院教授。曾访学于英国斯特拉思克莱德大学、伦敦大学国王学院、香港中文大学、日本北海道大学。主要研究领域:环境教育和可持续发展教育、高等教育与可持续发展、地理教育、旅游地理学、区域地理学等。

已主持和参与完成国家自然科学基金、国家社会科学基金、教育部人文社科、教育部国别与区域指定课题、北京市教育科学规划等各类科研课题 30 余项,在国内外发表中、英、日语论文50余篇,出版各类教材、专著、译著30余部,科普著作20余册。

负责原著第6章、第7章、第8章、第9章的翻译。

夏鹏翔,历史学博士,现任首都师范大学初等教育学院副教授、中国陶行知研究会生命教育专业委员会秘书长。主要研究领域:初等教育、小学教师教育、中日比较教育、社会教育、终身教育。

参加"本科学历小学教师科学素养的研究"、"小学教育专业本科生教育科研能力的培养模式探索"、"社会变革时期青少年思想道德发展的新情况与对策研究"等项目的研究工作。近年来出版专著《日本战后社会教育》(2008年)、《日本小学教育生态微观察》(2017年)。

负责原著第10章、第11章的翻译。

图书在版编目(CIP)数据

变革学校的新生力量/(日)浜田博文编著;张扬等译.
—上海:华东师范大学出版社,2019
ISBN 978-7-5675-9256-8

Ⅰ.①变… Ⅱ.①浜…②张… Ⅲ.①学校管理
Ⅳ.①G47

中国版本图书馆 CIP 数据核字(2019)第 110148 号

变革学校的新生力量
教师的主动参与和学校领导力

编　　著	[日]滨田博文
编辑协助	和西智哉(Karabiner)　高桥沙纪　永须徹也
译　　者	张　扬　黄　宇　夏鹏翔
审　　校	张　扬
策划编辑	彭呈军
特约编辑	李　鑫
责任校对	胡　静
装帧设计	卢晓红

出版发行	华东师范大学出版社
社　　址	上海市中山北路 3663 号　邮编 200062
网　　址	www.ecnupress.com.cn
电　　话	021-60821666　行政传真 021-62572105
客服电话	021-62865537　门市(邮购)电话 021-62869887
地　　址	上海市中山北路 3663 号华东师范大学校内先锋路口
网　　店	http://hdsdcbs.tmall.com

印　刷　者	上海展强印刷有限公司
开　　本	787×1092　16 开
印　　张	13.5
字　　数	164 千字
版　　次	2019 年 8 月第 1 版
印　　次	2021 年 1 月第 2 次
印　　数	5 101—7 200
书　　号	ISBN 978-7-5675-9256-8
定　　价	38.00 元

出 版 人　王　焰

(如发现本版图书有印订质量问题,请寄回本社客服中心调换或电话 021-62865537 联系)